낭송 주역

낭송Q시리즈 원문으로 읽는 디딤돌편 낭송 주역

발행일 초판4쇄 2024년 7월 15일(甲辰年 辛未月 庚辰日) | **풀어 읽은이** 고은주 |
펴낸곳 북드라망 | **펴낸이** 김현경 | **주소** 서울시 종로구 사직로8길 24, 1221호(내수동, 경희궁의아침 2단지)|
전화 02-739-9918 | **이메일** bookdramang@gmail.com

ISBN 979-11-86851-92-0 04140 979-11-86851-18-0(세트) | 이 도서의 국립중앙도서관 출판시도서목록(CIP)은 서지정보유통지원시스템 홈페이지(http://seoji.nl.go.kr)와 국가자료종합목록시스템(http://www.nl.go.kr/kolisnet)에서 이용하실 수 있습니다.(CIP제어번호: CIP2019011762) |

책으로 여는 지혜의 인드라망, 북드라망 **www.bookdramang.com**

낭송
Q
시리즈

원문으로
읽는
디딤돌편
02

周易

낭송 주역

고은주
풀어
읽음

우응순
감수

티

▶낭송Q시리즈 원문으로 읽는 디딤돌편 『낭송 주역』 사용설명서◀

1. '낭송Q'시리즈의 '낭송Q'는 '낭송의 달인 호모 큐라스'의 약자입니다. '큐라스'(curas)는 '케어'(care)의 어원인 라틴어로 배려, 보살핌, 관리, 집필, 치유 등의 뜻이 있습니다. '호모 큐라스'는 고전평론가 고미숙이 만든 조어로, 자기배려를 하는 사람, 즉 자신의 욕망과 호흡의 불균형을 조절하는 능력을 지닌 사람을 뜻하며, 낭송의 달인이 호모 큐라스인 까닭은 고전을 낭송함으로써 내 몸과 우주가 감응하게 하는 것이야말로 최고의 양생법이자, 자기배려이기 때문입니다(낭송의 인문학적 배경에 대해 더 궁금하신 분들은 고미숙의 『낭송의 달인 호모 큐라스』를 참고해 주십시오).

2. 낭송Q시리즈는 '낭송'을 위한 책입니다. 따라서 이 책은 꼭 소리 내어 읽어 주시고, 나아가 짧은 구절이라도 암송해 보실 때 더욱 빛을 발합니다. 머리와 입이 하나가 되어 책이 없어도 내 몸 안에서 소리가 흘러나오는 것, 그것이 바로 낭송입니다. 이를 위해 낭송Q시리즈의 책들은 모두 수십 개의 짧은 장들로 이루어져 있습니다. 암송에 도전해 볼 수 있는 분량들로 나누어 각 고전의 맛을 머리로, 몸으로 느낄 수 있도록 각 책의 '풀어 읽은이'들이 고심했습니다.

3. 최고의 양생법이자 새로운 독서법으로서의 '낭송'을 처음 세상에 알린 **낭송Q시리즈의 시즌 1**은 **동청룡·남주작·서백호·북현무편**으로 이루어져 있으며, 사계절의 기운을 담고 있는 것을 특징으로 합니다. 동청룡편에는 봄의 창조적 기운, 남주작편에는 여름의 발산력과 화려함, 서백호편에는 가을의 결단력, 북현무편에는 지혜와 상상력을 키울 수 있는 고요함을 품은 고전들이 속해 있습니다. 각 편 서두에는 판소리계 소설을, 마무리에는 네 편으로 나눈 『동의보감』을 하나씩 넣었고, 그 사이에 유교와 불교의 경전, 동아시아 최고의 명문장들을 배열했습니다.

▷ 동청룡: 『낭송 춘향전』, 『낭송 논어/맹자』, 『낭송 아함경』, 『낭송 열자』, 『낭송 열하일기』, 『낭송 전습록』, 『낭송 동의보감 내경편』

▷ 남주작 : 『낭송 변강쇠가/적벽가』, 『낭송 금강경 외』, 『낭송 삼국지』, 『낭송 장자』, 『낭송 주자어류』, 『낭송 홍루몽』, 『낭송 동의보감 외형편』

▷ 서백호 : 『낭송 흥보전』, 『낭송 서유기』, 『낭송 선어록』, 『낭송 손자병법/오자병법』, 『낭송 이옥』, 『낭송 한비자』, 『낭송 동의보감 잡병편 (1)』

▷ 북현무 : 『낭송 토끼전/심청전』, 『낭송 도덕경/계사전』, 『낭송 대승기신론』, 『낭송 동의수세보원』, 『낭송 사기열전』, 『낭송 18세기 소품문』, 『낭송 동의보감 잡병편 (2)』

4. **낭송Q시리즈 시즌 2**는 고전과 몸 그리고 일상이 조화를 이루는 훈련으로서의 낭송에 초점을 맞추었습니다. **샛별편**에는 전통시대의 초학자들이 제일 먼저 배우며 가장 오래도록 몸과 마음에 새겨놓은 고전을 담았고, 원문으로 읽는 **디딤돌편**은 몸으로 원문의 리듬을 익혀 동양 고전과 자유자재로 접속할 수 있는 힘을 키울 수 있도록 했습니다. 또 **민담·설화편**은 입에서 입으로 전해지는 낭송의 진수를 보여 주는 우리나라 각 지역의 옛날이야기들을 모았으며, **조선왕조실록편**은 조선 태조로부터 철종에 이르기까지 25대 472년간의 역사를 연월일 순서에 따라 편년체로 기록한 조선왕조실록을, **여행기편**은 근대 이전 여행의 기록들을 낭송에 맞게 새롭게 엮었습니다.

▷ 샛별편: 『낭송 천자문/추구』, 『낭송 명심보감』, 『낭송 격몽요결』, 『낭송 사자소학』

▷ 원문으로 읽는 디딤돌편: 『낭송 대학/중용』, 『낭송 주역』

▷ 민담·설화편: 『낭송 경기도의 옛이야기』, 『낭송 경상북도의 옛이야기』, 『낭송 경상남도의 옛이야기』, 『낭송 제주도의 옛이야기』, 『낭송 충청남도의 옛이야기』, 『낭송 충청북도의 옛이야기』

▷ 조선왕조실록편: 『낭송 태조실록』, 『낭송 태종실록』, 『낭송 세종실록』, 『낭송 성종실록』

▷ 여행기편: 『낭송 18세기 연행록』, 『낭송 19세기 연행록』

5. 낭송Q시리즈 원문으로 읽는 디딤돌편인 이 책 『낭송 주역』이 기본으로 삼은 판본은 명나라 영락제 때 호광(胡廣, 1370~1418) 등이 편찬한 『주역전의대전』(周易傳義大全)을 가지고 우리나라에서 언해를 붙여서 출간한 내각본(內閣本) 『주역전의대전』(1820년, 순조 20)입니다. 원문으로 읽는 디딤돌편의 기획 취지에 맞도록 원문과 풀이를 함께 실었습니다.

차례

『낭송 주역』 머리말
때(時)의 변화를 읽어 내는 삶의 지도 10

주역 상경

1. 굳건한 하늘의 덕, 중천 건重天 乾 20
2. 만물을 기르는 땅의 덕, 중지 곤重地 坤 39
3. 천지에 가득하여 막힘, 수뢰 둔水雷 屯 50
4. 어린아이와 어리석음, 산수 몽山水 蒙 55
5. 성장을 위한 기다림, 수천 수水天 需 60
6. 다툼과 송사, 천수 송天水 訟 65
7. 군사를 이끌고 군중을 통솔함, 지수 사地水 師 70
8. 친밀하게 도움을 주고받음, 수지 비水地 比 75
9. 음(陰)이 저지함, 풍천 소축風天 小畜 80
10. 예(禮)의 실천, 천택 리天澤 履 86
11. 소통과 편안함, 지천 태地天 泰 91

12. 불통과 단절, 천지 비天地 否 97
13. 다른 사람과 함께함, 천화 동인天火 同人 102
14. 크게 소유함, 화천 대유火天 大有 107
15. 자신을 낮춤, 지산 겸地山 謙 112
16. 화락함과 기쁨, 뇌지 예雷地 豫 117
17. 기꺼이 뒤따름, 택뢰 수澤雷 隨 122
18. 문제를 해결함, 산풍 고山風 蠱 127
19. 가까이 다가감, 지택 림地澤 臨 132
20. 보는 것과 보이는 것, 풍지 관風地 觀 137
21. 깨물어 합함, 화뢰 서합火雷 噬嗑 142
22. 꾸미고 장식함, 산화 비山火 賁 147
23. 양(陽)의 깎임, 산지 박山地 剝 152
24. 일양(一陽)이 돌아옴, 지뢰 복地雷 復 157
25. 진실하여 망령되지 않음, 천뢰 무망天雷 无妄 162
26. 양(陽)이 저지하여 크게 축적함, 산천 대축山天 大畜 167
27. 만물을 길러 냄, 산뢰 이山雷 頤 172
28. 큰일이 과도함, 택풍 대과澤風 大過 177
29. 연이은 물구덩이와 위험, 중수 감重水 坎 182
30. 거듭된 밝음과 붙어 의지함, 중화 리重火 離 187

주역 하경

31. 음과 양의 감응, 택산 함澤山 咸 194

32. 오래도록 지속함, 뇌풍 항雷風 恒 199

33. 때맞춰 물러남, 천산 둔天山 遯 204

34. 양(陽)이 강한 힘을 씀, 뇌천 대장雷天 大壯 209

35. 밝음에 나아감, 화지 진火地 晉 214

36. 밝음이 손상당함, 지화 명이地火 明夷 219

37. 집안을 다스리는 도리, 풍화 가인風火 家人 224

38. 어긋남과 분열, 화택 규火澤 睽 229

39. 어려움과 고난, 수산 건水山 蹇 235

40. 위험에서 풀려남, 뇌수 해雷水 解 240

41. 덜어 내고 비움, 산택 손山澤 損 245

42. 보태 주고 채움, 풍뢰 익風雷 益 251

43. 과감한 결단, 택천 쾌澤天 夬 256

44. 우연한 만남, 천풍 구天風 姤 262

45. 사람들이 모여듦, 택지 췌澤地 萃 267

46. 위로 올라감, 지풍 승地風 升 273

47. 곤경에 처함, 택수 곤澤水 困 278

48. 마르지 않는 우물의 덕, 수풍 정水風 井 284

49. 혁명 또는 크게 바꿈, 택화 혁澤火 革 289

50. 변혁의 가마솥, 화풍 정火風 鼎 295

51. 우레의 진동, 중뢰 진重雷 震 301
52. 제자리에 멈춤, 중산 간重山 艮 307
53. 점차 나아감, 풍산 점風山 漸 312
54. 누이를 시집보냄, 뇌택 귀매雷澤 歸妹 317
55. 풍성하여 성대함, 뇌화 풍雷火 豐 323
56. 정처 없이 유랑함, 화산 려火山 旅 329
57. 공손하게 순종함, 중풍 손重風 巽 334
58. 이어지는 기쁨, 중택 태重澤 兌 339
59. 민심이 흩어짐, 풍수 환風水 渙 344
60. 절도에 맞게 제어함, 수택 절水澤 節 350
61. 진실한 믿음, 풍택 중부風澤 中孚 355
62. 작은 일이 지나침, 뇌산 소과雷山 小過 361
63. 이미 이루어짐, 수화 기제水火 旣濟 367
64. 아직 이루어지지 않음, 화수 미제火水 未濟 372

낭송
주역

머리말

때(時)의 변화를 읽어 내는 삶의 지도

“『주역』 책 준비하고 있다고? 그럼 우리 신년 운세는 네가 봐 주는 건가?”

오랜만에 선배들과 만난 자리에서 요즘 뭘 하며 사는지 얘기하던 중에 이런 질문이 날아왔다. 그렇게 생각하는 건 『주역』에 대한 오해라고 말하고 싶었지만 그 순간 머릿속에서 여러 가지 생각들이 뒤엉키면서 뭐라고 해야 할지가 떠오르지 않았다.

그 선배의 말대로 『주역』은 아주 오랜 옛날부터 앞날을 점치는 데 쓰여 왔고 오늘날에도 그런 용도로 쓰이고 있다. 하지만 단순히 운세를 점치는 도구라고 규정해 버릴 수 없는 것이 『주역』(周易)이라는 텍스트다. 오죽하면 공자가 “나에게 몇 년이 더 주어져서 쉰 살까지 『역』을 공부할 수 있다면 큰 허물이 없을 것이다”라며 가죽 끈이 세 번 끊어지도록 죽간본 『주역』을 읽고 또 읽었을까. 공자는 물론이고 왕필(王弼), 정이천(程伊川), 주자(朱子) 등 수많은 선현들에게 『주역』은 천명(天命)을 알기 위해 탐구하고 익혀 나가야 할 지혜의 보고였다.

그렇다면 천명이란 무엇인가. 그것은 하늘로부터 부여받은 시간이며, 태어날 때부터 목숨이 다하는 날까지 주어지는 시절인연이다. 그 누구도 자기가 살아갈 시대를 선택할 수 없다. 공자나 주자도 자신을 인정해 주지 않는 시대를 살다 갔고, 힘은 산을 뽑을 만하고 기세는 세상을 덮을 만했던 영웅 항우(項羽)도 시절이 불리하게 돌아가는 것을 이겨 낼 수 없었다. 역사에 이름을 남긴 뛰어난 인물들뿐 아니라 지극히 평범한 우리 역시 다르지 않다. 우연히 벌어지는 일련의 사건들과 반전을 거듭하는 길흉화복의 흐름으로 점철된 시절을 살아간다. 그래서 동서고금을 막론하고 자기 시대를 통과하며 살아가는 것은 모든 이에게 버겁고 힘든 일이다. 까딱하면 시대적 상황과 관계망, 그것이 만들어 내는 욕망에 휩쓸려 정신줄 놓쳐 버리기 십상이니 말이다.

『주역』 64괘는 인간이 살아가면서 맞닥뜨리게 되는 64가지의 시절〔時〕이며 삶의 조건이다. 각 괘마다 배치되어 있는 여섯 개의 효들은 그런 상황이 펼쳐질 때 사회 속 다양한 사람들이 각자의 자리에서 어떤 생각과 욕망을 갖게 되는지, 상호간에 어떤 관계를 맺게 되는지를 보여 준다. 게다가 그 상황은 고정된 게 아니라 계속해서 변화하며 흘러가고 있다. 그러니 시절이란 우연히 그렇게 주어진 것일 뿐, 그 자체로 좋은 것도 아니고 나쁜 것도 아니다.

끝없이 변화하는 시절을 겪으며 살아가는 우리에게 『주

역』은 말하고 있다. 어려움이 닥쳤을 때 신중하게 처신하라고, 그때가 지나면 형통해질 것이라고, 일이 잘 풀린다 싶을 때 앞으로 문제가 생겨날 것에 대비하라고. 우연히 주어지는 시대 상황을 선택할 수는 없지만 그 가운데서 어떤 결심을 하고 어떻게 행동할지가 우리 각자의 몫으로 남아 있기 때문이다.

그러니 언제든 『주역』을 펼쳐서 읽고 있는 사람의 손에는 자신의 시대가 어떤 때인지, 그 안에서 수많은 사람들의 관계가 어떻게 얽혀서 작동하고 있는지, 각자의 자리에서 갖게 되는 생각과 욕망은 무엇인지 파악할 수 있는 지도가 쥐어지는 셈이다. 도처에 패어 있어 빠지기 쉬운 구덩이들을 알려 주는 경고 표지로 가득한 삶의 지도가. 『주역』의 괘사(卦辭)와 효사(爻辭)는 흉함[凶]과 부끄러움[吝]을 언급하며 무엇이 시시때때로 우리 눈을 가리게 될지를 들여다볼 수 있게 해주고 있다.

오랜 시간에 걸쳐 인간의 경험과 지혜가 축적된 텍스트인 『주역』이 추구하고 있는 본질적인 목표는 '무구'(无咎; 허물이 없다)에 있다. 얼핏 생각하면 너무나 소박한 바람이 아닐까 싶지만 어떤 상황에 처하게 되든지 나의 말과 행동이 허물이 되지 않게 살아가는 건 결코 쉽지 않은 일이다. 그러기 위해서는 세계와 인간에 대한 세심한 통찰이 필수적이기 때문이다.

우리가 그런 통찰을 갖추기 위해 『주역』을 공부하려고 할 때 대부분 몇 가지 어려움에 부딪치게 된다. 첫째, 『주역』이 기호와 숫자, 그리고 언어라는 3중 구조를 가진 복합적인 텍스트라는 것이고, 둘째, 원문이 옛 한문 문장이라 생략된 부분이 많고, 셋째, 『주역』의 괘사와 효사의 언어가 매우 상징적이고 비유적인 표현으로 이루어져 있다는 점이다.

『주역』의 64괘는 건(乾, ☰)·태(兌, ☱)·리(離, ☲)·진(震, ☳)·손(巽, ☴)·감(坎, ☵)·간(艮, ☶)·곤(坤, ☷) 8괘를 중첩해 놓은 기호로 되어 있다. 음과 양이 3개의 효를 이루고 있는 8괘는 음양에 해당하는 짝수와 홀수, 사상(四象: 태음, 소양, 소음, 태양)에 해당하는 숫자인 6, 7, 8, 9 그리고 1~8까지의 숫자와 연결지어 해석되기도 한다. 게다가 괘사와 효사에 나와 있는 말들은 생략이 많은 데다 3천 년 전 사람들이 사용하던 비유와 상징이 담겨 있는 표현이기 때문에 한문을 해석한 내용을 읽어 보아도 그 의미가 바로 와닿기 어려운 것이다.

『주역』을 제대로 공부하기 위해서는 괘사·효사는 물론이고 그것을 풀이한 「단전」과 「상전」을 포함한 10개의 해설서인 10익(十翼: 「계사」 상·하, 「단전」 상·하, 「상전」 상·하, 「문언전」, 「설괘전」, 「서괘전」, 「잡괘전」)을 차근차근 배워 나가야 한다. 그

걸 혼자서는 해 나가기 어려우니 반드시 이끌어 주는 선생님, 함께 배울 동학이 있어야 한다. 시간과 노력을 들여 배우고 난 다음 배운 것을 차분히 음미해 보면서 자신의 삶에 적용해 보는 과정을 거쳐야만 비로소 『주역』의 지혜와 통찰을 체득할 수 있다.

* * *

이 책 『낭송 주역』은 『주역』의 괘사와 효사 번역문 아래에 한자음을 단 원문을 함께 실어 놓았다. 무엇보다 『주역』이라는 텍스트를 소리 내어 낭송하기 위해 만든 책이다. 64괘 각 괘마다 「괘사」, 「단전」, 「대상전」(괘사에 대한 풀이)을 번역문과 원문 순으로 실었고, 이어서 6개 효의 효사와 「소상전」(효사의 문구 해석) 역시 같은 순서로 되어 있다. 건괘와 곤괘 뒤에는 「문언전」을 배치했다. 또 원문에 생략된 의미를 이해할 수 있게 정이천의 『역전』을 바탕으로 간략한 설명을 채워 넣으며 번역문을 만들고, 낭송에 적합하도록 다듬었다.

『주역』을 처음 접하는 초보자라면 이 책에 나와 있는 순서대로 소리 내어 읽어 보고 원문까지 직접 써 보면 좋겠다. 『주역』이라는 멋진 지도에 익숙해지기 위한 훌륭한 워밍업 과정이 될 것이다. 또 공부를 시작한 지 어느 정도 된 학인이라면 「계사전」에 나와 있는, '평상시에 그 괘상을 보고 괘사와 효사를 음미한다'(居則觀其象而玩其辭)를 실천하기 위해 괘사와 효사를 원문으로 외우는 걸 추천한다. 64괘 암기를 위한 교재로 이 책이 유용하게 쓰였으면 한다.

혈기 왕성하던 시절 나는 '겸손하다'는 걸 일종의 가식이라고 생각했다. 주위에서 뭘 잘한다고 칭찬할 때면 "그래, 내가 웬만한 건 다 잘하지. 그런데 진짜 못하는 게 하나 있어. 겸손한 척 하는 거"라고 말하고 다녔으니 말이다. 한 살 한 살 나이를 먹고 공부를 해 나갈수록 '어쩔 수 없는 게 참으로 많구나!'라는 생각을 하게 된다. 돌이켜보니 그때 나는 인생을 알지 못하는 철부지였고 '세상에 마음먹는 대로 안 되는 일이 어딨어?'라는 오만방자한 착각에 빠져 있었다.

열의만 있으면 모든 것을 극복할 수 있다고 철석같이 믿었던 나는 하루를 48시간처럼 매일 과로하며 살았다. 결국 마흔 살도 되기 전에 완전히 기력이 소진되어 쓰러지고 말았다. 그제서야 어떻게 살아가야 할지 고민하며 공부를 시작했고 『주역』을 만나게 되었다. 그러면서 알게 되었다. 어려울 때는 억지로 장애물을 뚫고 나아가려고 발버둥치며 기력을 낭비할 게 아니라 자신을 지키면서 기다려야 한다는 것을. 힘든 상황 속에서 내가 할 수 있는 것은 자기중심을 잡고 일상을 지속해 나가는 것이고, 함께해 나갈 벗을 사귀는 일이라는 것을.

『주역』은 물론이고 인생 공부의 길을 이끌어 주시는 우응순 선생님께 감사드린다. 이 책이 나올 수 있게 기꺼이 함께 읽고 문장을 다듬어 준 김영죽 선생님, 『주역』을 공부하는 동안 배움의 길에 함께해 준 〈감이당〉과 〈상우〉의 많은 동학들에게도 고마움을 전한다. 그리고 내게 주어진 남은 시간 동안 마음껏 공부하며 살라고 응원해 주는 가족들이 있어 든든하고 행복하다.

2019년 봄

고은주

단전에서 말했다.

위대하도다, 건원이여! 만물이 이를
바탕으로 시작하니 이에 천도를 통괄한다.
구름이 흐르고 비가 내려서 다양한 만물이
형체를 이룬다. 천도의 시작과 끝을
크게 밝히면 괘의 여섯 자리가 때맞추어
이루어지니, 그때에 여섯 마리 용을 타고서
하늘의 운행을 제어한다.
건의 도가 변하고 화하여 만물이 각각
본성과 천명을 바르게 하고, 위대한 음양의
조화를 오래도록 보존하고 화합하여
이에 이롭고 올바르게 된다. 만물 가운데
으뜸으로 나오니 만국이 모두 편안하다.

낭송
Q
시리즈

원문으로 읽는 디딤돌편

주역 상경

1
군건한 하늘의 덕, 중천 건[*]
重天乾

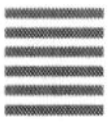

건괘乾卦는 원元하고 형亨하고 리利하고 정貞하다.
만물을 시작하게 하는 근원이고, 만물을 성장시켜 형통하게 하고, 만물을 촉진시켜 이롭게 하고, 만물을 완성시켜 바르게 한다.

乾, 元, 亨, 利, 貞.
건 원 형 리 정

* 『주역전의대전』 64괘 중에서 '중천 건괘'만 '괘사 → 효사 → 단전 → 대상전 → 소상전' 순서로 되어 있다. 건괘를 제외한 나머지 괘들은 '괘사 → 단전 → 대상전 → 효사와 소상전' 순서로 배치되어 있다. 이는 천도를 상징하는 건괘의 위상을 보여 주는 의도적 편집이라고 할 수 있다.

초구[**]효, 물에 잠긴 용이니 쓰지 말라.[***]

初九, 潛龍, 勿用.
초구 잠룡 물용

구이효, 용이 나타나 밭에 있으니 대인을 만나는 것이 이롭다.

九二, 見龍在田, 利見大人.
구이 현룡재전 리견대인

구삼효, 군자가 종일토록 그침 없이 힘쓰며 저녁이 되어도 두려운 듯이 하면 위태로우나 허물이 없다.

九三, 君子終日乾乾, 夕惕若, 厲, 无咎.
구삼 군자종일건건 석척약 려 무구

구사효, 혹 뛰어 오르거나 연못에 있으면 허물이 없다.

九四, 或躍在淵, 无咎.
구사 혹약재연 무구

** 양효를 9로 표시한다. 4상(四象) 중 태양(太陽, ⚌)은 9, 소양(少陽, ⚎)은 7인데, 그중에서 양기가 극에 달해서 변화를 앞둔 9를 양효로 정한 것이다.
*** 건괘의 효사에서는 양(陽)을 용이라고 했다.

구오효, 날아오른 용이 하늘에 있으니 대인을 만나는 것이 이롭다.

九五, 飛龍在天, 利見大人.
구오 비룡재천 리견대인

상구효, 너무 높이 올라간 용이니 후회가 있다.

上九, 亢龍, 有悔.
상구 항룡 유회

용구用九, 양(陽)을 쓰는 것, 여러 용을 보되 우두머리가 되지 않으면 길하다.

用九, 見羣龍, 无首, 吉.
용구 견군룡 무수 길

단전에서 말했다.

위대하도다, 건원乾元이여! 만물이 이를 바탕으로 시작하니 이에 천도를 통괄한다.

구름이 흐르고 비가 내려서 다양한 만물이 형체를 이룬다.

천도의 시작과 끝을 크게 밝히면 괘의 여섯 자리육효가 때맞추어 이루어지니, 그때에 여섯 마리 용을 타고서 하늘의 운행에 맞춰 자신을 제어한다.

건乾의 도가 변하고 화하여 만물이 각각 본성과 천명을 바르게 하고, 위대한 음양의 조화를 오래도록 보존하고 화합하여 이에 이롭고 올바르게 된다. 만물 가운데 으뜸으로 나오니 만국이 모두 편안하다.

彖曰, 大哉, 乾元! 萬物資始, 乃統天.
단왈 대재 건원 만물자시 내통천

雲行雨施, 品物流形.
운행우시 품물류형

大明終始, 六位時成, 時乘六龍, 以御天.
대명종시 육위시성 시승육룡 이어천

乾道變化, 各正性命, 保合大和, 乃利貞. 首出庶物,
건도변화 각정성명 보합대화 내리정 수출서물

萬國咸寧.
만국함녕

상전에서 말했다. 하늘乾, ☰의 운행이 굳세니, 군자는 이것을 보고 스스로 힘쓰기에 그침이 없다.

象曰, 天行, 健, 君子以, 自彊不息.
상왈 천행 건 군자이 자강불식

"물에 잠긴 용이니 쓰지 말라"는 것은 양陽이 아랫자리에 있기 때문이다.

"潛龍, 勿用", 陽在下也.
잠룡 물용 양재하야

"용이 나타나 밭에 있다"는 것은 그 덕이 널리 베풀어진 것이다.

"見龍在田", 德施普也.
현룡재전 덕시보야

"종일토록 그침 없이 힘쓴다"라는 것은 거듭하여 도를 실천하는 것이다.

"終日乾乾", 反復道也.
종일건건 반복도야

"혹 뛰어 오르거나 연못에 있으면"이라는 것은 나아감에 허물이 없는 것이다.

"或躍在淵", 進无咎也.
혹약재연 진무구야

"날아오른 용이 하늘에 있다"는 것은 대인의 일이다.

"飛龍在天", 大人造也.
비룡재천 대인조야

"너무 높이 올라간 용이니 후회가 있다"는 것은 가득 찬 것이 오래 지속될 수 없음이다.

"亢龍, 有悔", 盈不可久也.
항룡 유회 영불가구야

"양陽을 쓰는 것"用九은 하늘의 덕이기에 우두머리가 되지 말라는 것이다.

"用九", 天德, 不可爲首也.
용구 천덕 불가위수야

「문언전」*에서 말했다.

원元은 모든 선 가운데 으뜸이고, 형亨은 아름다움이 모인 것

* 공자가 쓴 10편의 주역 해설서(「역전」易傳) 중 하나. 중천 건괘와 중지 곤괘에만 괘사와 효사에 대한 설명이 추가된 것으로 보인다.

이며, 리利는 마땅함이 조화를 이룬 것이고, 정貞은 모든 일의 근간이다.

군자가 인仁을 체득함은 다른 사람의 우두머리가 되기에 충분하다. 사람들을 아름답게 모이게 함은 예禮에 합치되기에 충분하다. 만물을 이롭게 함은 마땅함에 따라 모든 것을 조화시키기에 충분하다. 올바름을 굳게 견지함은 모든 일을 주관하기에 충분하다.

군자는 이 네 가지 덕을 실천하는 사람이다. 그러므로 "건乾은 만물을 시작하게 하는 근원이고, 만물을 성장시켜 형통하게 하고, 만물을 촉진시켜 이롭게 하고, 만물을 완성시켜 바르게 한다"라고 하였다.

文言曰, 元者, 善之長也. 亨者, 嘉之會也. 利者,
문언왈 원자 선지장야 형자 가지회야 리자

義之和也. 貞者, 事之幹也.
의지화야 정자 사지간야

君子體仁, 足以長人, 嘉會 足以合禮, 利物
군자체인 족이장인 가회 족이합례 리물

足以和義, 貞固 足以幹事.
족이화의 정고 족이간사

君子行此四德者, 故曰 "乾, 元, 亨, 利, 貞".
군자행차사덕자 고왈 건 원 형 리 정

초구효는 "물에 잠긴 용이니 쓰지 말라"고 했는데 무엇을 말합니까?

공자가 말했다. 이는 용의 덕군주의 능력을 지니고 있으면서도 그것을 감추고 있는 사람이다. 세상에 맞추어 자신을 바꾸지 않고, 명성을 이루려 하지도 않으며, 세상에서 물러나 있으면서도 괴로워하지 않고, 세상으로부터 인정받지 못해도 고민하지 않아서, 도가 행해지는 즐거운 세상에서는 자신의 능력을 행하지만 근심스러운 세상이라면 떠나간다. 뜻이 확고하여 빼앗을 수 없는 것이 "잠룡"潛龍, 물에 잠긴 용이다.

初九曰, "潛龍, 勿用", 何謂也?
초 구 왈 잠 룡 물 용 하 위 야

子曰, 龍德而隱者也. 不易乎世, 不成乎名,
자 왈 용 덕 이 은 자 야 불 역 호 세 불 성 호 명

遯世无悶, 不見是而无悶, 樂則行之, 憂則違之.
둔 세 무 민 불 견 시 이 무 민 락 즉 행 지 우 즉 위 지

確乎其不可拔, "潛龍"也.
확 호 기 불 가 발 잠 룡 야

구이효는 "용이 나타나 밭에 있으니 대인을 만나는 것이 이롭다"고 했는데 무엇을 말합니까?

공자가 말했다. 용의 덕을 가지고 있으면서 바르고 중도를

지키는 사람이다. 평소에 하는 말이 믿을 만하고 평소에 행실을 신중하게 하여 사특한 마음을 막고 자신의 성실함을 보존한다. 세상을 좋게 만들면서도 공로를 자랑하지 않으니, 그의 덕이 널리 베풀어져 모든 사람에게 좋은 영향을 미친다. 『역』易에 "용이 나타나 밭에 있으니 대인을 만나는 것이 이롭다"고 했으니, 이는 군주의 덕이다.

九二曰, "見龍在田, 利見大人", 何謂也?
구이왈 현룡재전 리견대인 하위야

子曰, 龍德而正中者也. 庸言之信, 庸行之謹,
자왈 용덕이정중자야 용언지신 용행지근

閑邪存其誠, 善世而不伐, 德博而化. 易曰,
한사존기성 선세이불벌 덕박이화 역왈

"見龍在田, 利見大人", 君德也.
현룡재전 리견대인 군덕야

구삼효는 "군자가 종일토록 그침 없이 힘쓰며 저녁이 되어도 두려운 듯이 하면 위태로우나 허물이 없다"고 했는데 무엇을 말합니까?

공자가 말했다. 군자는 덕을 증진시키고 행실을 닦는다. 충실함과 신뢰는 덕을 증진시킬 수 있는 것이고, 말을 가려 해서 성실함을 굳건하게 세우는 것은 행실을 닦을 수 있는 토

대이다.

이르러야 할 곳을 알아서 그곳에 이르면 미세한 기미를 알 수 있고, 마무리해야 할 곳을 알아서 거기에서 마무리하면 마땅한 도리를 보존할 수 있다. 그래서 높은 지위에 있으면서도 교만하지 않고, 낮은 지위에 있으면서도 근심하지 않는다. 그러므로 종일토록 그침 없이 힘쓰고 처한 때에 따라서 신중히 처신한다면 위태로운 상황일지라도 허물이 없게 된다.

九三曰, "君子終日乾乾, 夕惕若, 厲, 无咎",
구삼왈 군자종일건건 석척약 려 무구

何謂也?
하위야

子曰, 君子進德修業.
자왈 군자진덕수업

忠信, 所以進德也, 修辭立其誠, 所以居業也.
충신 소이진덕야 수사입기성 소이거업야

知至至之, 可與幾也, 知終終之, 可與存義也.
지지지지 가여기야 지종종지 가여존의야

是故, 居上位而不驕, 在下位而不憂. 故乾乾,
시고 거상위이불교 재하위이불우 고건건

因其時而惕, 雖危, 无咎矣.
인기시이척 수위 무구의

구사효는 "혹 뛰어 오르거나 연못에 있으면 허물이 없다"고 했는데 무엇을 말합니까?

공자가 말했다. 올라가고 내려감이 일정하지 않다 해도 간사함이 아니며, 나아가고 물러남이 바뀌더라도 동류아래 있는 3개의 양효*를 떠남이 아니다. 군자가 덕을 증진하고 행실을 닦는 것은 때맞추어 도를 행하려는 것이다. 그러므로 "허물이 없다".

九四曰, "或躍在淵, 无咎", 何謂也?
구 사 왈 혹 약 재 연 무 구 하 위 야

子曰, 上下无常, 非爲邪也, 進退无恒, 非離羣也.
자 왈 상 하 무 상 비 위 사 야 진 퇴 무 항 비 리 군 야

君子進德修業, 欲及時也. 故 "无咎".
군 자 진 덕 수 업 욕 급 시 야 고 무 구

구오효는 "날아오른 용이 하늘에 있으니 대인을 만나는 것이 이롭다"고 했는데 무엇을 말합니까?

공자가 말했다. 같은 소리는 서로 호응하고 동일한 기운은 서로 찾으니, 물은 습한 곳으로 흐르고 불은 건조한 곳으로

* 동류 : 음·양의 속성이 같은 무리.

나아간다. 구름은 용을 따르고 바람은 호랑이를 따르니, 성인이 나옴에 만물이 우러러본다. 하늘에 근본을 둔 것은 위를 가까이하고 땅에 근본을 둔 것은 아래를 가까이하니, 각각 그 부류를 따른다.

九五曰, "飛龍在天, 利見大人", 何謂也?
구오왈 비룡재천 리견대인 하위야

子曰, 同聲相應, 同氣相求, 水流濕, 火就燥.
자왈 동성상응 동기상구 수류습 화취조

雲從龍, 風從虎, 聖人作而萬物覩.
운종룡 풍종호 성인작이만물도

本乎天者, 親上, 本乎地者, 親下, 則各從其類也.
본호천자 친상 본호지자 친하 즉각종기류야

상구효는 "너무 높이 올라간 용이니 후회가 있다"고 했는데 무엇을 말합니까?

공자가 말했다. 존귀하지만 지위가 없고, 높은 자리에 있지만 따르는 백성이 없고, 현명한 사람이 아래에 있지만 보좌하지 않는다. 그러므로 움직이면 후회가 있는 것이다.

上九曰, "亢龍, 有悔", 何謂也?
상구왈 항룡 유회 하위야

子曰, 貴而无位, 高而无民, 賢人, 在下位而无輔,
자 왈 귀 이 무 위 고 이 무 민 현 인 재 하 위 이 무 보

是以動而有悔也.
시 이 동 이 유 회 야

"물에 잠긴 용이니 쓰지 말라"는 것은 지위가 낮은 것이다.
"용이 나타나 밭에 있다"는 것은 때에 맞추어 잠시 머무르는 것이다.
"종일토록 그침 없이 힘쓴다"는 것은 해야 할 일을 행하는 것이다.
"혹 뛰어 오르거나 연못에 있으면"이라는 것은 스스로 시도해보는 것이다.
"날아 오른 용이 하늘에 있다"라는 것은 위에서 다스림이다.
"너무 높이 올라간 용이니 후회가 있다"라는 것은 기운이 극에 달하여 재앙이 된 것이다.
건원의 "용구"用九, 양(陽)을 쓰는 것는 천하가 다스려짐이다.

"潛龍, 勿用", 下也. "見龍在田", 時舍也.
잠 룡 물 용 하 야 현 룡 재 전 시 사 야

"終日乾乾", 行事也. "或躍在淵", 自試也.
종 일 건 건 행 사 야 혹 약 재 연 자 시 야

"飛龍在天", 上治也. "亢龍, 有悔", 窮之災也. 乾元
비룡재천 상치야 항룡 유회 궁지재야 건원

"用九", 天下治也.
용구 천하치야

"물에 잠긴 용이니 쓰지 말라"는 것은 양의 기운이 물에 잠겨서 감추어져 있는 것이다.

"용이 나타나 밭에 있다"는 것은 온 세상이 문명의 교화를 받는 것이다.

"종일토록 그침 없이 힘쓴다"는 것은 때에 맞추어 함께 행하는 것이다.

"혹 뛰어 오르거나 연못에 있으면"이라는 것은 건의 도가 이에 크게 바뀌는 것이다.

"날아오른 용이 하늘에 있다"는 것은 마침내 천덕天德, 군주의 지위에 자리한 것이다.

"너무 높이 올라간 용이니 후회가 있다"는 것은 때와 함께 극에 이른 것이다.

"건원의 용구"는 이를 통해 하늘의 법칙을 볼 수 있는 것이다.

"潛龍, 勿用", 陽氣潛藏. "見龍在田", 天下文明,
잠룡 물용 양기잠장 현룡재전 천하문명

"終日乾乾", 與時偕行, "或躍在淵", 乾道乃革,
종일건건 여시해행 혹약재연 건도내혁

"飛龍在天", 乃位乎天德, "亢龍, 有悔", 與時偕極,
비룡재천 내위호천덕 항룡 유회 여시해극

"乾元, 用九", 乃見天則.
건원 용구 내견천칙

"건원"乾元이란 시작하여 형통한 것이다. "리利, 만물을 이롭게 함와 정貞, 오래도록 올바름을 지키는 것"은 건원의 성정이다. 건의 시작은 아름다운 이로움으로 세상을 이롭게 하면서도 그 이로움을 말하지 않았으니 위대하도다!

위대하구나, 건이여! 강직하고 굳건하며 중도를 지키고 올바르며 순수함이 지극하다. 여섯 효로 드러난 것이 그 실정에 두루 통하였다. 때에 맞추어 여섯 마리 용을 타고서 천도에 맞게 자신을 제어한다. 구름이 흘러 다니고 비가 내리니, 천하가 화평하다.

"乾元"者, 始而亨者也. "利貞"者, 性情也. 乾始
건원 자 시이형자야 리정 자 성정야 건시

能以美利, 利天下, 不言所利, 大矣哉!
능이미리 리천하 불언소리 대의재

大哉, 乾乎! 剛健中正純粹精也. 六爻發揮,
대재 건호 강건중정순수정야 육효발휘

旁通情也. 時乘六龍, 以御天也. 雲行雨施,
방통정야 시승육룡 이어천야 운행우시

天下平也.
천하평야

군자는 이것을 보고 내면의 덕을 이룸을 행실로 삼으니, 매일 그 행실을 볼 수 있다.

"물에 잠김"潛이라 한 것은 숨어서 나타나지 않으며 행하여도 아직 이루어지지 않은 것이다. 그러므로 군자가 자신의 능력을 쓰지 않는다.

君子以成德爲行, 日可見之行也.
군자이성덕위행 일가견지행야

"潛" 之爲言也. 隱而未見, 行而未成,
잠 지위언야 은이미현 행이미성

是以君子弗用也.
시이군자불용야

군자는 배워서 지식을 쌓고, 질문하여 판별하고, 너그러움으로 처신하고, 인仁으로 행한다. 『역』易에서 "용이 나타나 밭에 있으니 대인을 만나는 것이 이롭다"고 한 것은 군주의 덕이다.

君子學以聚之, 問以辯之, 寬以居之, 仁以行之.
군 자 학 이 취 지 문 이 변 지 관 이 거 지 인 이 행 지

易曰 "見龍在田, 利見大人", 君德也.
역 왈 현 룡 재 전 리 견 대 인 군 덕 야

구삼효는 강건한 양陽이 거듭된 것이며 중도를 지키지 못하여, 위로는 하늘에 있지 않고 아래로는 밭에 있지 않다. 그러므로 그침 없이 힘쓰고 때에 맞추어 신중히 처신하면, 비록 위태롭더라도 허물이 없다.

九三, 重剛而不中, 上不在天, 下不在田, 故 乾乾,
구 삼 중 강 이 부 중 상 부 재 천 하 부 재 전 고 건 건

因其時而惕, 雖危, 无咎矣.
인 기 시 이 척 수 위 무 구 의

구사효는 강건한 양陽이 거듭된 것이며 중도를 지키지 못하

여, 위로는 하늘에 있지 않고 아래로는 밭에 있지 않으며, 가운데로는 인간에 있지 않다. 그러므로 '혹'이라고 하였으니, 혹이란 의심하는 것이므로 허물이 없다.

九四, 重剛而不中, 上不在天, 下不在田, 中不在人.
구사 중강이부중 상부재천 하부재전 중부재인

故"或"之. 或之者, 疑之也. 故无咎.
고 혹 지 혹지자 의지야 고무구

무릇 "대인"이란 천지와 그 덕이 합치되고, 해와 달에 그 밝음이 합치되며, 사계절과 그 순서가 합치되고, 귀신예측할 수 없는 음양의 작용과 그 길흉이 합치된다. 하늘보다 앞서 하더라도 하늘이 어기지 않으며, 하늘보다 뒤에 하더라도 하늘의 때를 받든다. 하늘 또한 어기지 않는데 하물며 사람은 어떻겠는가? 귀신은 어떻겠는가?

夫"大人"者, 與天地合其德, 與日月合其明,
부 대인 자 여천지합기덕 여일월합기명

與四時合其序, 與鬼神合其吉凶. 先天而天弗違,
여사시합기서 여귀신합기길흉 선천이천불위

後天而奉天時. 天且弗違, 而況於人乎?
후천이봉천시 천차불위 이황어인호

況於鬼神乎?
황어귀신호

"너무 높이 올라갔다"亢는 말은 나아갈 줄만 알고 물러날 줄 모르는 것이고, 보존하는 것만 알고 망하게 될 줄은 모르며, 얻는 것만 알고 잃게 될 것은 모르는 것이다.
오직 성인뿐인가? 나아가고 물러나는 것과 보존하고 망하게 되는 것을 모두 알면서도 그 올바름을 잃지 않는 자는 오직 성인뿐이로구나!

"亢"之爲言也. 知進而不知退, 知存而不知亡,
항 지 위 언 야 지 진 이 부 지 퇴 지 존 이 부 지 망

知得而不知喪.
지 득 이 부 지 상

其唯聖人乎? 知進退存亡, 而不失其正者,
기 유 성 인 호 지 진 퇴 존 망 이 불 실 기 정 자

其唯聖人乎!
기 유 성 인 호

2
만물을 기르는 땅의 덕, 중지 곤
重地 坤

䷁

곤괘坤卦는 원元하고 형亨하고 리利하고 암말의 정貞함이다. 만물이 생겨나는 근원이고, 만물을 성장시켜 형통하게 하고, 만물을 촉진시켜 이롭게 하고, 만물을 완성시키는 암말의 올바름이니 군자가 나아갈 바를 둔다.
앞장서면 헤매게 되고 뒤따르면 항상된 도리를 얻을 것이니 이로움을 주관한다. 서쪽·남쪽은 벗을 얻고 동쪽·북쪽은 벗을 잃으니* 편안히 여기고 올바름을 굳게 지켜야 길하다.

* 서쪽·남쪽은 음의 방향이고 동쪽·북쪽은 양의 방향이라서 음끼리 모여 있던 서쪽과 남쪽을 떠나 동쪽과 북쪽으로 가서 양을 만나게 된다는 의미다.

坤, 元, 亨, 利, 牝馬之貞. 君子有攸往.
곤 원 형 리 빈마지정 군자유유왕

先迷, 後得, 主利. 西南得朋, 東北喪朋, 安貞, 吉.
선미 후득 주리 서남득붕 동북상붕 안정 길

「단전」에서 말했다.

지극하구나, 곤원坤元이여! 만물이 이를 바탕으로 해서 형체가 생겨나니, 이에 순하게 하늘을 받든다. 곤이 두터워서 만물을 싣는 것은 그 덕이 영원한 천도에 부합한다. 포용하고 너그러우며 빛나고 위대하여 만물이 모두 형통하게 된다.

암말은 땅의 부류이니 땅을 걸어감에 끝이 없으며, 유순하여 모든 것을 이롭게 하면서도 올바름을 굳게 지키니, 이것이 군자가 행하는 바이다.

앞장서서 주도하면 혼미하여 도를 잃고, 뒤이어 따르면 항상된 도리를 얻는다. "서쪽·남쪽은 벗을 얻는다" 함은 동류와 함께 가는 것이고, "동쪽·북쪽은 벗을 잃는다" 함은 마침내 경사가 있다는 것이다. 편안히 여기고 올바름을 굳게 지켜야 길함은 땅의 끝없는 덕에 호응하는 것이다.

彖曰, 至哉, 坤元! 萬物資生, 乃順承天. 坤厚載物,
단왈 지재 곤원 만물자생 내순승천 곤후재물

德合无疆. 含弘光大, 品物咸亨.
덕합무강 함홍광대 품물함형

牝馬, 地類, 行地无疆, 柔順利貞, 君子攸行.
빈마 지류 행지무강 유순리정 군자유행

先迷失道, 後順得常. "西南得朋", 乃與類行,
선미실도 후순득상 서남득붕 내여류행

"東北喪朋", 乃終有慶. 安貞之吉, 應地无疆.
동북상붕 내종유경 안정지길 응지무강

「상전」에서 말했다. 땅坤, ☷의 형세가 곤괘이니, 군자는 이것을 보고 덕을 두텁게 하여 만물을 품는다.

象曰, 地勢, 坤, 君子以, 厚德載物.
상왈 지세 곤 군자이 후덕재물

초육효*, 서리를 밟으면 단단한 얼음이 이르게 된다.

* 음효를 6으로 표시한다. 4상(四象) 중 태음(太陰, ⚏)은 6, 소음(少陰, ⚍)은 8인데, 그중에서 음기가 극에 달해서 변화를 앞둔 6을 음효로 정한 것이다.

「상전」에서 말했다. "서리를 밟으면 단단한 얼음이 이르게 된다" 함은 음이 처음으로 응결한다는 말이니, 그 도를 따라 점차 이루어져 단단한 얼음이 되는 것이다.

初六, 履霜, 堅冰至.
초육 리상 견빙지

象曰, "履霜, 堅冰", 陰始凝也, 馴致其道,
상왈 리상 견빙 음시응야 순치기도

至堅冰也.
지견빙야

육이효, 곧고 반듯하고 위대하다. 애써 익히지 않아도 이롭지 않음이 없다.

「상전」에서 말했다. 육이의 움직임은 곧고 반듯하다. "애써 익히지 않아도 이롭지 않음이 없다"는 말은 땅의 도가 빛나는 것이다.

六二, 直方大. 不習无不利.
육이 직방대 불습무불리

象曰, 六二之動, 直以方也. "不習无不利",
상왈 육이지동 직이방야 불습무불리

地道光也.
지도광야

육삼효, 안으로 아름다움을 머금어 올바름을 지킬 수 있으니 혹 나랏일에 종사하더라도, 그 성공을 자기 것으로 하지 말고 끝마침이 있어야 한다.

「상전」에서 말했다. "안으로 아름다움을 머금어 올바름을 지킬 수 있다" 하더라도 때에 따라서 능력을 발휘해야 한다. "혹은 나랏일에 종사한다" 함은 그 지혜가 빛나고 큰 것이다.

六三, 含章可貞, 或從王事, 无成有終.
육삼 함장가정 혹종왕사 무성유종

象曰, "含章可貞", 以時發也. "或從王事",
상왈 함장가정 이시발야 혹종왕사

知光大也.
지광대야

육사효, 주머니를 묶으면 허물이 없고 영예도 없으리라.

「상전」에서 말했다. "주머니를 묶으면 허물이 없으리라" 함은 신중하게 행동하면 해가 없다는 말이다.

六四, 括囊, 无咎无譽.
육사 괄낭 무구무예

象曰, "括囊, 无咎", 愼不害也.
상왈 괄낭 무구 신불해야

육오효, 황색 치마*이면 크게 좋고 길하다.

「상전」에서 말했다. "황색 치마이면 크게 좋고 길하다"는 것은 아름다운 덕[文]이 그 가운데 있기 때문이다.

六五, 黃裳, 元吉.
육오 황상 원길

象曰, "黃裳, 元吉", 文在中也.
상왈 황상 원길 문재중야

상육효, 용이 되어 들판에서 싸우니, 그 피가 검고 누르다.**

「상전」에서 말했다. "용이 되어 들판에서 싸우는 것"은 그 도가 극단에 이른 것이다.

上六, 龍戰于野, 其血玄黃.
상육 용전우야 기혈현황

象曰, "龍戰于野", 其道窮也.
상왈 용전우야 기도궁야

* 황색 치마(黃裳): 황색은 중앙의 색이라 중도를 지키는 것을, 치마는 하의라 신하를 상징한다. 육오를 신하된 자가 군주를 대신하여 권력을 행사하는 경우로 보아 중도를 지키면서(黃, 中) 자신을 낮추어(裳, 下) 신하로서의 직분을 지켜야 한다는 뜻이다.

** 상육에서는 음(陰)의 세력이 매우 성대해져서 양(陽)과 맞서게 된다. 스스로를 마치 양인 것처럼 생각해서 밖으로 나와 싸우기에 '용이 들판에서 싸운다'고 했다. 양과 다투어서 손상되므로 '피'라고 한 것이고, '검고 누른 것'(玄黃)은 각각 하늘과 땅의 색으로 양과 음 모두 손상된 것을 의미한다.

용육用六: 음(陰)을 쓰는 것, 오래도록 지속함과 올바름을 굳게 지키는 것이 이롭다.

「상전」에서 말했다. 음을 쓰는 것用六은 "오래도록 지속함과 올바름을 굳게 지킴"으로써 성대한 결말을 맺음이다.

用六, 利永貞.
용 육 리 영 정

象曰, 用六 "永貞", 以大終也.
상 왈 용 육 영 정 이 대 종 야

「문언전」에서 말했다.

곤괘는 지극히 유순하지만 그 움직임은 강직하고, 지극히 고요하지만 그 덕은 반듯하다. 뒤이어 따르면 얻어서 이로움을 주관하면서도 항상된 도를 지키며, 만물을 포용하면서 영향력이 빛난다.

곤의 도는 유순하구나! 하늘의 뜻을 받들어 때에 맞게 행한다.

文言曰, 坤, 至柔而動也剛, 至靜而德方.
문 언 왈 곤 지 유 이 동 야 강 지 정 이 덕 방

後得主而有常, 含萬物而化光.
후 득 주 이 유 상 함 만 물 이 화 광

坤道其順乎! 承天而時行.
곤 도 기 순 호 승 천 이 시 행

선을 쌓은 집안에는 반드시 자손에게까지 미치는 경사가 있고 불선을 쌓은 집안에는 반드시 남아 있는 재앙이 있다. 신하가 군주를 시해하고 자식이 아버지를 죽이는 것은 하루아침과 하룻저녁의 일이 아니라, 그 유래한 바가 점차로 누적된 것이다! 이는 그것을 일찍부터 분별하지 않았기 때문에 생긴 일이다.

『역』易에서 "서리를 밟으면 단단한 얼음이 이르게 된다"고 했으니, 그것은 재앙이 순차적으로 커지는 것을 말한다.

積善之家, 必有餘慶, 積不善之家, 必有餘殃.
적 선 지 가 필 유 여 경 적 불 선 지 가 필 유 여 앙

臣弑其君, 子弑其父, 非一朝一夕之故,
신 시 기 군 자 시 기 부 비 일 조 일 석 지 고

其所由來者 漸矣! 由辯之不早辯也.
기 소 유 래 자 점 의 유 변 지 부 조 변 야

易曰, "履霜, 堅冰至", 蓋言順也.
역 왈 리 상 견 빙 지 개 언 순 야

"직"直, 곧음이란 그 올바름을 가리키고, "방"方, 반듯함이란 그 마땅한 의리를 가리킨다. 군자는 경건함으로써 내면을 올곧게 하고, 마땅한 의리를 행하여 외면을 반듯하게 한다. 경건함과 마땅한 의리가 확립되면 덕 있는 사람은 외롭지 않으니, "곧고 반듯하며 위대하니 애써 익히지 않아도 이롭지 않음이 없다" 함은 그 행하는 바를 의심하지 않는 것이다.

"直", 其正也. "方", 其義也. 君子 敬以直內,
직 기정야 방 기의야 군자 경이직내

義以方外. 敬義立而德不孤, "直方大,
의이방외 경의립이덕불고 직방대

不習无不利", 則不疑其所行也.
불습무불리 즉불의기소행야

음육삼은 비록 아름다운 능력이 있지만 그것을 내면에 품고 나랏일에 종사하되 감히 그 공을 자신이 이루었다 하지 않는다. 이것이 땅의 도리이며, 아내의 도리이며, 신하의 도리이다. 땅의 도리는 그 공을 자기 것으로 하지 않지만 윗사람하늘, 남편, 군주을 대신하여 끝마침이 있어야 하는 것이다.

陰雖有美, 含之, 以從王事, 弗敢成也. 地道也,
음수유미 함지 이종왕사 불감성야 지도야

妻道也, 臣道也. 地道, 无成而代有終也.
처 도 야 신 도 야 지 도 무 성 이 대 유 종 야

하늘과 땅이 변하고 화하면 초목이 번성하고 하늘과 땅이 닫히면 어진 사람이 숨는다. 『역』易에서 “주머니를 묶으면 허물이 없고 영예도 없으리라” 한 것은 신중하게 행동해야 한다는 말이다.

天地變化, 草木蕃, 天地閉, 賢人隱. 易曰, “括囊,
천 지 변 화 초 목 번 천 지 폐 현 인 은 역 왈 괄 낭
无咎无譽.” 蓋言謹也.
무 구 무 예 개 언 근 야

군자는 내면의 중도를 지키고 이치에 통달하여, 바른 자리에서 자신을 낮추어 처신한다.* 아름다움이 그 내면에 있어서 온몸에 퍼져 있으며 그가 하는 모든 일에서 발휘되니, 아름다움이 지극하다!

* 육오는 황상(黃裳)이니 황(黃)을 내면의 중도를 지키고 이치에 통달한 것으로, 상(裳)을 군주의 자리에 있지만 본래 하체에 속한다는 것을 잊지 않는다고 보아서 거체(居體)를 자신을 낮추어 처신한다고 풀이했다.

君子黃中通理, 正位居體. 美在其中, 而暢於四支,
군자황중통리 정위거체 미재기중 이창어사지

發於事業, 美之至也!
발어사업 미지지야

음陰이 양陽과 자신을 견주게 되면 반드시 싸우게 된다. 양陽이 없다고 여길까 꺼리기 때문에 "용"이라고 칭했지만 아직 음陰의 무리에서 떠나지 않았으므로 "피"라고 말했다.** "검고 누르다"라고 한 것은 하늘陽과 땅陰이 뒤섞인 것이니, 하늘은 검고 땅은 누르다.

陰疑於陽, 必戰. 爲其嫌於无陽也, 故稱"龍"焉,
음의어양 필전 위기혐어무양야 고칭용언

猶未離其類也, 故稱"血"焉. 夫"玄黃"者,
유미리기류야 고칭혈언 부현황자

天地之雜也, 天玄而地黃.
천지지잡야 천현이지황

** 음이 성대해져서 양과 비슷해졌지만 완전히 양으로 변한 것은 아니기 때문에 음의 속성을 가진 '피'(血)라고 칭했다.

3
천지에 가득하여 막힘, 수뢰 둔
水雷 屯

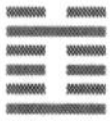

둔괘屯卦는 크게 형통하고 바르게 함이 이롭다. 나아갈 바를 두지 말고, 자신을 보좌할 제후를 세우는 것이 이롭다.

屯, 元亨, 利貞. 勿用有攸往, 利建侯.
둔 원형 리정 물용유유왕 리건후

「단전」에서 말했다.

둔은 굳센 양陽과 부드러운 음陰이 처음으로 사귀매 어려움이 생겨나니, 험난한 가운데 움직이는 것이다. 크게 형통하고 올바름을 지킴이 이로운 것은 우레와 비의 움직임이 세상에 가득 차 있기 때문이다. 하늘의 운행이 어지럽고 어두울 때에는 마땅히 자신을 보좌할 제후를 세우고 편안히 여기지 말아야 한다.

彖曰, 屯, 剛柔始交而難生, 動乎險中. 大亨貞,
단왈 둔 강유시교이난생 동호험중 대형정

雷雨之動, 滿盈. 天造草昧, 宜建侯, 而不寧.
뇌우지동 만영 천조초매 의건후 이불녕

「상전」에서 말했다. 구름坎, ☵과 우레震, ☳가 둔괘이니, 군자는 이것을 보고 천하를 경영한다.

象曰, 雲雷, 屯, 君子以, 經綸.
상왈 운뢰 둔 군자이 경륜

초구효, 주저하는 모습이니 올바름을 지키며 그 자리에 머무는 것이 이롭고, 제후를 세우는 것이 이롭다.

「상전」에서 말했다. 비록 "주저하는 모습"이지만 뜻은 올바름을 행하려 한다. 귀한 몸으로 아랫사람들에게 자신을 낮추니 크게 민심을 얻는다.

初九, 磐桓, 利居貞, 利建侯.
초구 반환 리거정 리건후

象曰, 雖"磐桓", 志行正也. 以貴下賤, 大得民也.
상왈 수 반환 지행정야 이귀하천 대득민야

육이효, 막힌 듯해서 머뭇거리며 말을 탔다가 말에서 내리니, 도적자기 짝이 아닌 상대, 초구이 아니면 혼인할 짝구오이 오리라. 여자육이가 올바름을 지켜서 시집가지 않다가 십 년이 되어서야 자식을 키우게 된다.

「상전」에서 말했다. 육이의 어려움은 음이 굳센 양을 올라타고 있기 때문이다. "십 년이 되어서야 자식을 키우게 된다"는 것은 항상 지켜야 할 도리常道로 돌아갔다는 것이다.

六二, 屯如邅如, 乘馬班如, 匪寇, 婚媾.
육이 둔여전여 승마반여 비구 혼구

女子貞不字, 十年乃字.
여자정부자 십년내자

象曰, 六二之難, 乘剛也. "十年乃字", 反常也.
상왈 육이지난 승강야 십년내자 반상야

육삼효, 사슴을 쫓는데 사냥터지기가 없어 숲 속으로 들어감이다. 군자가 기미를 보고 사슴 쫓기를 그만두는 것만 못하니 그대로 가면 부끄러우리라.

「상전」에서 말했다. "사슴을 쫓는데 사냥터지기가 없는 것"은 짐승을 탐내어 쫓았기 때문이고 '군자가 그만두는 것'은 그대로 가면 부끄럽고 궁색하게 되기 때문이다.

六三, 卽鹿无虞, 惟入于林中. 君子幾, 不如舍,
육삼 즉록무우 유입우림중 군자기 불여사

往吝.
왕린

象曰, "卽鹿无虞", 以從禽也. '君子舍之' 往,
상왈 즉록무우 이종금야 군자사지 왕

吝窮也.
린궁야

육사효, 말을 탔다가 말에서 내리니, 혼인할 짝초구, 조력자을 구하여 구오의 군주에게 가면 길하여 이롭지 않음이 없다.

「상전」에서 말했다. 짝을 구하여 나아감은 현명한 것이다.

六四, 乘馬班如, 求婚媾, 往, 吉, 无不利.
육사 승마반여 구혼구 왕 길 무불리

象曰, 求而往, 明也.
상왈 구이왕 명야

구오효, 군주가 베푸는 은택이 막혀서 아래까지 미치지 않는다. 조금씩 점차로 바로잡으면 길하고 크게 단번에 바로 잡으려고 하면 흉하다.

「상전」에서 말했다. "군주가 베푸는 은택이 막혀서 아래까지 미치지 않는다"는 말은 군주가 베푸는 덕이 고루 퍼지지 못하는 것이다.

九五, 屯其膏. 小貞, 吉, 大貞, 凶.
구오 둔기고 소정 길 대정 흉

象曰, "屯其膏", 施未光也.
상왈 둔기고 시미광야

상육효, 말을 탔다가 말에서 내리는 것이니 피눈물을 줄줄 흘린다.

「상전」에서 말했다. "피눈물을 줄줄 흘린다"라고 하니 어찌 오래갈 수 있겠는가?

上六, 乘馬班如, 泣血漣如.
상육 승마반여 읍혈연여

象曰, "泣血漣如", 何可長也?
상왈 읍혈연여 하가장야

4
어린아이와 어리석음, 산수 몽
山水蒙

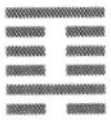

몽괘蒙卦는 형통하다. 내구이가 어린아이童蒙, 육오에게 구하는 것이 아니라, 어린아이가 나를 찾는 것이다. 처음 묻거든 알려 주지만 두 번 세 번 물으면 모독하는 것이다. 모독하면 알려 주지 않으니, 자신을 바르게 지키는 것이 이롭다.

蒙, 亨. 匪我求童蒙, 童蒙求我. 初筮告, 再三瀆,
몽 형 비아구동몽 동몽구아 초서곡 재삼독

瀆則不告, 利貞.
독즉불곡 리정

「단전」에서 말했다.

몽은 산 아래에 험함이 있는 모습이니, 험하고 멈추는 것이라 '어리석음'蒙이다. "몽괘는 형통하다" 함은 형통할 수 있도록 도가 행해지는 것이니, 때에 맞게 중도를 지키는 것이다. "내가 어린아이에게 구하는 것이 아니라 어린아이가 나를 찾는 것"은 뜻이 응하기 때문이다. "처음 묻거든 알려 준다" 함은 굳센 양陽, 구이이 중도를 이루었기 때문이고, "두 번 세 번 물으면 모독하는 것이니 모독하면 알려 주지 않는다" 함은 알려 준다 해도 어린아이를 그르치게 되기 때문이다. 어릴 때 올바름을 기르는 것이 성인이 되는 공부이다.

彖曰, 蒙, 山下有險, 險而止, '蒙'. "蒙, 亨", 以亨行,
단 왈 몽 산 하 유 험 험 이 지 몽 몽 형 이 형 행
時中也. "匪我求童蒙, 童蒙求我", 志應也.
시 중 야 비 아 구 동 몽 동 몽 구 아 지 응 야
"初筮告", 以剛中也, "再三瀆, 瀆則不告", 瀆蒙也.
초 서 곡 이 강 중 야 재 삼 독 독 즉 불 곡 독 몽 야
蒙以養正, 聖功也.
몽 이 양 정 성 공 야

「상전」에서 말했다. 산艮, ☶ 아래에서 샘물坎, ☵이 나오는 것이 몽괘이니, 군자는 이것을 보고 과감하게 실행하고 덕을 기른다.

象曰, 山下出泉, 蒙, 君子以, 果行育德.
상 왈 산 하 출 천 몽 군 자 이 과 행 육 덕

초육효, 어리석음을 깨우쳐 주는 초기에는 형벌을 가하듯이 엄격하게 하는 것이 이롭다. 그러고 나면 속박하고 있던 차꼬와 수갑을 벗겨 주어야 하니, 그대로 나아간다면 부끄럽기 때문이다.

「상전」에서 말했다. "형벌을 가하듯이 엄격하게 하는 것이 이롭다" 함은 원칙을 세워 바로잡는 것이다.

初六, 發蒙, 利用刑人. 用說桎梏, 以往, 吝.
초육 발몽 리용형인 용탈질곡 이왕 린

象曰, "利用刑人", 以正法也.
상왈 리용형인 이정법야

구이효, 어리석음을 포용해 주면 길하다. 부인의 말도 받아들이면 길할 것이니, 자식이 집안일을 잘하는 것이다.

「상전」에서 말했다. "자식이 집안일을 잘하는 것"은 굳센 양인 구이와 부드러운 음인 육오가 호응하기 때문이다.

九二, 包蒙, 吉. 納婦, 吉, 子克家.
구이 포몽 길 납부 길 자극가

象曰, "子克家", 剛柔接也.
상왈 자극가 강유접야

육삼효, 이런 여자에게 장가들지 말아야 한다. 돈 많은 남자金夫, 구이*를 보고 자기 몸을 지키지 못하니, 이로울 바가 없다. 「상전」에서 말했다. "이런 여자에게 장가들지 말아야 한다"고 한 것은 육삼의 행실이 이치를 따르지 않기 때문이다.

六三, 勿用取女. 見金夫, 不有躬, 无攸利.
육삼 물용취녀 견금부 불유궁 무유리

象曰, "勿用取女", 行不順也.
상왈 물용취녀 행불순야

육사효, 어리석음에 빠져 곤란을 겪게 되니 부끄럽다. 「상전」에서 말했다. 어리석음에 빠져 곤란을 겪는 부끄러움이란 육사 홀로 진실한 사람구이과 멀리 떨어져 있기 때문이다.

六四, 困蒙, 吝.
육사 곤몽 린

象曰, 困蒙之吝, 獨遠實也.
상왈 곤몽지린 독원실야

* 구이효는 산수 몽괘에서 어리석음을 깨우쳐 주는 존재지만 육삼효에게만 돈 많은 남자(金夫)로 보인다.

육오효, 어려서 잘 알지 못하는 것童蒙이라 길하다.

「상전」에서 말했다. 어려서 잘 알지 못하는 것이라 길함은 구이에게 순종하며 자신을 낮추기 때문이다.

六五, 童蒙, 吉.
육오 동몽 길

象曰, 童蒙之吉, 順以巽也.
상왈 동몽지길 순이손야

상구효, 어리석음을 쳐서 일깨워 주는 것이다. 도적이 되는 것은 이롭지 않고, 도적을 막는 것이 이롭다.

「상전」에서 말했다. 도적을 막는 것이 이롭다 함은 위와 아래가 모두 이치를 따르기 때문이다.**

上九, 擊蒙. 不利爲寇, 利禦寇.
상구 격몽 불리위구 리어구

象曰, 利用禦寇, 上下順也.
상왈 리용어구 상하순야

** 상구가 상대를 지나치게 강하게 공격하지 않으면서 어리석음을 깨우쳐 주게 되므로 위와 아래가 모두 이치를 따른다고 했다.

5
성장을 위한 기다림, 수천 수
水天需

䷄

수괘需卦는 내면에 꽉 찬 믿음이 있어서 빛나고 형통하며 올바름을 지키고 있어 길하니, 큰 강을 건너는 것*이 이롭다.

需, 有孚, 光亨, 貞吉, 利涉大川.
수 유부 광형 정길 리섭대천

「단전」에서 말했다.

수는 기다리는 것으로 위험이 앞에 있는 모습이다. 강건하지만 기다려서 위험에 빠지지는 않으니, 그 의리가 곤궁함

* 큰 강을 건너는 것은 '큰일을 하는 것'을 의미한다.

에 빠지지는 않는다. "수괘는 내면에 꽉 찬 믿음이 있어서 빛나고 형통하며 올바름을 지키고 있어 길하다"라고 한 것은 구오가 천자의 지위에 자리하여 올바름正**과 중도中***를 이루었기 때문이다. "큰 강을 건너는 것이 이롭다"는 것은 나아가면 공을 세우기 때문이다.

彖曰, 需, 須也, 險在前也. 剛健而不陷,
단왈 수 수야 험재전야 강건이불함

其義不困窮矣. "需, 有孚, 光亨, 貞吉", 位乎天位,
기의불곤궁의 수 유부 광형 정길 위호천위

以正中也. "利涉大川", 往有功也.
이정중야 리섭대천 왕유공야

「상전」에서 말했다. 구름坎, ☵이 하늘乾, ☰로 올라가는 것이 수괘이니, 군자는 이것을 보고 먹고 마시며 편안하게 즐긴다.

象曰, 雲上於天, 需, 君子以, 飮食宴樂.
상왈 운상어천 수 군자이 음식연락

** 올바름 : 양의 자리(초·3·5효)에 양이, 음의 자리(2·4·상효)에 음이 있을 때를 올바름(正)이라 한다. 자기에게 맞는 자리를 차지하고 있어 각각 양과 음의 기운이 강하다.
*** 중도 : 2효와 5효의 자리에 있을 때를 중(中)이라 하고, 중도를 지키는 것을 뜻한다.

초구효, 교외에서 기다리는 것이니 항상됨을 지키는 것이 이롭고 허물이 없다.

「상전」에서 말했다. "교외에서 기다리는 것"은 어려움을 무릅쓰지 않고 나아가는 것이고, "항상됨을 지키는 것이 이롭고 허물이 없다"는 것은 항상된 도리를 잃지 않았기 때문이다.

初九, 需于郊, 利用恒, 无咎.
초구 수우교 리용항 무구

象曰, "需于郊", 不犯難行也, "利用恒, 无咎",
상왈 수우교 불범난행야 리용항 무구

未失常也.
미실상야

구이효, 모래사장에서 기다리는 것이니 구설수가 조금 있지만 끝내 길하리라.

「상전」에서 말했다. "모래사장에서 기다림"은 너그러움으로 중도를 지키는 것이니, 다소 구설수가 있으나 길함으로 끝난다.

九二, 需于沙, 小有言, 終吉.
구이 수우사 소유언 종길

象曰, "需于沙", 衍在中也, 雖小有言, 以吉終也.
상왈 수우사 연재중야 수소유언 이길종야

구삼효, 진흙탕에서 기다리니 도적이 이르도록 자초한다.

「상전」에서 말했다. "진흙탕에서 기다림"은 재앙이 밖에 있는 것이다. 내가 도적을 자초했으니, 공경하고 신중하게 행동한다면 낭패를 당하지 않는다.

九三, 需于泥, 致寇至.
구삼 수우니 치구지

象曰, "需于泥", 災在外也. 自我致寇, 敬愼不敗也.
상왈 수우니 재재외야 자아치구 경신불패야

육사효, 피를 흘리며 기다리는 것*이니 스스로 안전한 곳에서 나온 것이다.

「상전」에서 말했다. "피를 흘리며 기다림"은 이치에 순종하고 시세의 흐름에 따르는 것이다.

六四, 需于血, 出自穴.
육사 수우혈 출자혈

象曰, "需于血", 順以聽也.
상왈 수우혈 순이청야

* 음유한 자질을 가지고 감괘(☵, 험함을 의미)의 맨 밑에 있어 험한 상황에 처해 있고 아래 3개의 양효가 전진해 오니 위험과 어려움 속에서 상처를 입기에 '피흘리며 기다린다'라고 하였다.

구오효, 술과 음식을 먹으며 기다리니 바르고 길하다.

「상전」에서 말했다. "술과 음식을 먹으며 기다리니 바르고 길하다"라는 것은 중도中와 올바름正을 얻었기 때문이다.

九五, 需于酒食, 貞吉.
구오 수우주식 정길

象曰, "酒食, 貞吉", 以中正也.
상왈 주식 정길 이중정야

상육효, 편안한 곳穴으로 들어가는 것이니 부르지 않은 손님 셋하괘에 있는 3개의 양효이 오지만 그들을 공경하면 끝내 길하리라.

「상전」에서 말했다. '부르지 않은 손님이 오지만 그들을 공경하면 끝내 길하리라' 한 것은 지위가 합당치 않지만* 큰 실수는 없기 때문이다.

上六, 入于穴, 有不速之客三人來, 敬之, 終吉.
상육 입우혈 유불속지객삼인래 경지 종길

象曰, '不速之客來, 敬之, 終吉', 雖不當位, 未大失也.
상왈 불속지객래 경지 종길 수부당위 미대실야

* 음이면서 아래에 있지 않고 윗자리에 처하여 그 지위가 합당치 않다고 보았다.

6
다툼과 송사, 천수 송
天水訟

䷅

송괘訟卦는 내면에 진실한 믿음이 있으나 막혀서 두려우니, 중도를 지키면 길하고 끝까지 가면 흉하다. 대인을 만나면 이롭고 큰 강을 건너는 것이 이롭지 않다.

訟, 有孚, 窒, 惕, 中吉, 終凶. 利見大人,
송 유부 질 척 중길 종흉 리견대인

不利涉大川.
불리섭대천

「단전」에서 말했다.

송은 위에 있는 건괘는 굳세고 아래 있는 감괘는 위험하여,

험하고 굳센 것이 다투어 '송사한다'訟고 하였다. "송괘는 내면에 진실한 믿음이 있으나 막혀서 두려우니, 중도를 지키면 길하다" 함은 굳센 양陽이 와서 중도를 얻는 것이다. "끝까지 가면 흉하다"고 한 것은 다툼은 끝까지 가서는 안 되는 일이기 때문이다. "대인을 만나면 이롭다" 함은 중도를中를 지키고 올바른 것正을 숭상한다는 말이다. "큰 강을 건너는 것이 이롭지 않다"고 한 것은 깊은 연못으로 들어가기 때문이다.

彖曰, 訟, 上剛下險, 險而健, '訟'. "訟, 有孚, 窒,
단왈 송 상강하험 험이건 송 송 유부 질

惕, 中吉", 剛來而得中也. "終凶", 訟不可成也.
척 중길 강래이득중야 종흉 송불가성야

"利見大人", 尙中正也. "不利涉大川", 入于淵也.
리견대인 상중정야 불리섭대천 입우연야

「상전」에서 말했다. 하늘乾, ☰과 물坎, ☵이 어긋나게 가는 것이 송괘이니, 군자는 이것을 보고 일을 할 때 시작을 신중하게 도모한다.

象曰, 天與水違行, 訟, 君子以, 作事謀始.
상왈 천여수위행 송 군자이 작사모시

초육효, 다투는 일을 끝까지 하지 않으면 약간 구설수가 있으나 결국에는 길하리라.

「상전」에서 말했다. "다투는 일을 끝까지 하지 않는 것"은 다툼이란 오래 지속해서는 안 되기 때문이다. 비록 약간의 구설수가 있지만 분별함이 명확하다.

初六, 不永所事, 小有言, 終吉.
초육 불영소사 소유언 종길

象曰, "不永所事", 訟不可長也. 雖小有言,
상왈 불영소사 송불가장야 수소유언

其辯明也.
기변명야

구이효, 송사를 이기지 못하여 돌아가 도망가니 그 마을 사람이 3백 호 정도이면 화를 자초하지 않으리라.

「상전」에서 말했다. "송사를 이기지 못함"은 돌아가 도망쳐 숨는 것이다. 아랫사람으로서 윗사람과 다툼은 근심을 자초한 것이다.

九二, 不克訟, 歸而逋, 其邑人三百戶, 无眚.
구이 불극송 귀이포 기읍인삼백호 무생

象曰, "不克訟", 歸逋竄也, 自下訟上, 患至掇也.
상왈 불극송 귀포찬야 자하송상 환지철야

육삼효, 예전부터 해오던 일을 하며 먹고살아 가니 올바름을 굳게 지키면 위태로우나 결국에는 길하다. 혹 나랏일에 종사하여도 공을 자신의 것으로 할 수 없다.

「상전」에서 말했다. "예전부터 해오던 일을 하며 먹고살아 가니"라는 말은 윗사람을 따르면 공을 자신이 차지할 수 없더라도 길한 것이다.

六三, 食舊德, 貞厲, 終吉. 或從王事, 无成.
육삼 식구덕 정려 종길 혹종왕사 무성

象曰, "食舊德", 從上, 吉也.
상왈 식구덕 종상 길야

구사효, 송사를 할 수 없으니 돌아와 자신에게 주어진 본분에 나아가고, 마음을 바꾸어 편안하게 여기고 올바름을 굳게 지키면 길하다.

「상전」에서 말했다. "돌아와 자신에게 주어진 본분에 나아가고, 마음을 바꾸어 편안하게 여기고 올바름을 굳게 지킴"은 잘못이 없는 것이다.

九四, 不克訟, 復卽命, 渝, 安貞, 吉.
구사 불극송 복즉명 투 안정 길

象曰, “復卽命, 渝, 安貞”, 不失也.
상 왈 복즉명 투 안정 불실야

구오효, 송사에 크게 선하고 길하다.

「상전」에서 말했다. “송사에 크게 길한 것”은 중도를 지키며 올바름을 이루었기 때문이다.

九五, 訟, 元吉.
구오 송 원길

象曰, “訟, 元吉”, 以中正也.
상 왈 송 원길 이중정야

상구효, 혹 관복의 큰 띠를 하사받더라도 하루아침이 끝나기도 전에 세 번 빼앗기리라.

「상전」에서 말했다. 다툼을 통해 관복을 얻을지라도 존경받기에는 부족하다.

上九, 或錫之鞶帶, 終朝三褫之.
상구 혹석지반대 종조삼치지

象曰, 以訟受服, 亦不足敬也.
상 왈 이송수복 역부족경야

7
군대를 이끌고 군중을 통솔함, 지수 사
地水師

䷆

사괘師卦는 올바름을 굳게 지켜야 하니, 다른 사람들을 이끌 수 있어야 길하고 허물이 없다.

師, 貞, 丈人, 吉, 无咎.
사 정 장인 길 무구

「단전」에서 말했다.
사師란 군중이다. 정貞은 올바름이니, 올바름으로 군중을 이끌 수 있다면 왕이 될 수 있다. 굳센 양陽이면서 중도中를 얻고 올바른 상대와 호응하며, 험난한 길을 가지만 이치를 따른다. 천하에 해독을 끼치는데도 백성들이 따르니 길하다.

또한 무슨 허물이 있겠는가!

彖曰, 師, 衆也. 貞, 正也, 能以衆正, 可以王矣.
단왈 사 중야 정 정야 능이중정 가이왕의

剛中而應, 行險而順. 以此毒天下, 而民從之, 吉.
강중이응 행험이순 이차독천하 이민종지 길

又何咎矣!
우하구의

「상전」에서 말했다. 땅坤, ☷ 가운데에 물坎, ☵이 있는 것이 사괘이니, 군자는 이것을 보고 백성을 포용하고 군중을 모아 기른다.

象曰, 地中有水, 師, 君子以, 容民畜衆.
상왈 지중유수 사 군자이 용민휵중

초육효, 군대를 일으키는 데 규율로써 하니, 그렇지 않다면 승리하더라도 흉하다.

「상전」에서 말했다. "군대를 일으키는 데 규율로써 하는 것"이니, 규율을 잃는다면 흉하다.

初六, 師出以律, 否, 臧, 凶.
초육 사출이율 부 장 흉

象曰, "師出以律", 失律凶也.
상 왈 사 출 이 율 실 율 흉 야

구이효, 군대의 일에 있어 중도를 지켜서 길하고 허물이 없으니, 왕이 신임하여 세 번 명을 내린다.

「상전」에서 말했다. "군대의 일에 있어 중도를 지켜서 길한 것"은 하늘군주의 총애를 받드는 일이고, "왕이 신임하여 세 번 명을 내린다"는 것은 모든 나라를 품는 것이다.

九二, 在師, 中吉, 无咎, 王三錫命.
구 이 재 사 중 길 무 구 왕 삼 석 명

象曰, "在師, 中吉", 承天寵也, "王三錫命",
상 왈 재 사 중 길 승 천 총 야 왕 삼 석 명

懷萬邦也.
회 만 방 야

육삼효, 군대의 일을 혹 여러 사람이 주장하면 흉하다.

「상전」에서 말했다. "군대의 일을 혹 여러 사람이 주장하면" 크게 공을 이루지 못한다.

六三, 師或輿尸, 凶.
육 삼 사 혹 여 시 흉

象曰, "師或輿尸", 大无功也.
상왈 사혹여시 대무공야

육사효, 군대가 물러나 머무르니 허물이 없다.

「상전」에서 말했다. "물러나 머무르니 허물이 없음"은 항상된 도리를 잃지 않은 것이다.

六四, 師左次, 无咎.
육사 사좌차 무구

象曰, "左次, 无咎", 未失常也.
상왈 좌차 무구 미실상야

육오효, 밭에 짐승오랑캐이 들어오면 명령을 받들어 잡는 것이 이로우니 허물이 없다. 맏아들이 군대를 거느렸으니, 여러 동생들이 주장하게 하면 바르더라도 흉하리라.

「상전」에서 말했다. "맏아들이 군대를 거느림"은 중도에 맞게 행하는 것이고, "여러 동생들이 주장하게 함"은 군대를 부리는 일에 합당치 않은 것이다.

六五, 田有禽, 利執言, 无咎. 長子帥師, 弟子輿尸,
육오 전유금 리집언 무구 장자솔사 제자여시

貞, 凶.
정 흉

象曰, "長子帥師", 以中行也, "弟子輿尸",
상 왈 장자솔사 이중행야 제자여시

使不當也.
사부당야

상육효, 위대한 군주가 명을 내리는 것이니, 제후를 봉하고開國 경대부를 삼을 때承家에 소인을 쓰지 말라.

「상전」에서 말했다. "위대한 군주가 명을 내림"은 공적을 바르게 가리기 위해서이고, "소인을 쓰지 말라" 함은 반드시 나라를 혼란하게 만들기 때문이다.

上六, 大君有命, 開國承家, 小人勿用.
상육 대군유명 개국승가 소인물용

象曰, "大君有命", 以正功也, "小人勿用",
상 왈 대군유명 이정공야 소인물용

必亂邦也.
필란방야

8
친밀하게 도움을 주고받음, 수지 비
水地比

䷇

비괘比卦는 길하니 근원을 잘 살피되, 성숙한 지도력元과 일관성永, 그리고 도덕적인 확고함貞을 갖추었다면 허물이 없다. 편안하지 않아야 비로소 올 것이니, 뒤처진다면 강한 사내일지라도 흉하리라.

比, 吉, 原筮, 元永貞, 无咎. 不寧, 方來, 後, 夫, 凶.
비 길 원서 원영정 무구 불녕 방래 후 부 흉

「단전」에서 말했다.

비는 길하다. 비는 가까이 지내며 돕는 것이니, 아랫사람이 순하게 따르는 것이다. "근원을 잘 살피되 성숙한 지도력元

과 일관성永, 그리고 도덕적인 확고함貞을 갖추었다면, 허물이 없다" 함은 굳센 양陽으로써 중도中를 이루었기 때문이다. "편안하지 않아야 비로소 올 것"은 위와 아래가 호응하기 때문이다. "뒤처진다면 강한 사내일지라도 흉하리라" 한 것은 그 도가 결국 곤궁해지기 때문이다.

彖曰, 比, 吉也. 比, 輔也, 下順從也. "原筮, 元永貞,
단왈 비 길야 비 보야 하순종야 원서 원영정

无咎", 以剛中也. "不寧, 方來", 上下應也. "後, 夫,
무구 이강중야 불녕 방래 상하응야 후 부

凶", 其道窮也.
흉 기도궁야

「상전」에서 말했다. 땅坤, ☷ 위에 물坎, ☵이 있는 것이 비괘이니, 선왕이전의 위대한 군주이 이것을 보고 만국을 세우고 제후들과 가까이 지내며 도우셨다.

象曰, 地上有水, 比, 先王以, 建萬國, 親諸侯.
상왈 지상유수 비 선왕이 건만국 친제후

초육효, 진실한 믿음을 가지고 사람과 가까이 지내며 도와야 허물이 없다. 내면의 믿음이 질그릇에 가득 차듯이 하면,

결국에는 뜻하지 않은 길함이 온다.

「상전」에서 말했다. 비괘의 초육효는 뜻하지 않은 길함이 있다.

初六, 有孚比之, 无咎. 有孚盈缶, 終, 來有他吉.
초육 유부비지 무구 유부영부 종 래유타길

象曰, 比之初六, 有他吉也.
상왈 비지초육 유타길야

육이효, 사람들과 가까이 지내며 돕기를 내면으로부터 함이니, 올바름을 지켜서 길하다.

「상전」에서 말했다. "사람들과 가까이 지내며 돕기를 내면으로부터 함"은 스스로 뜻을 잃지 않은 것이다.

六二, 比之自內, 貞吉.
육이 비지자내 정길

象曰, "比之自內", 不自失也.
상왈 비지자내 부자실야

육삼효, 인간 같지 않은 자와 가까이 지내며 돕는 것이다.

「상전」에서 말했다. "인간 같지 않은 자와 가까이 지내며 돕는 것"은 또한 해롭지 않겠는가?

六三, 比之匪人.
육삼 비지비인

象曰, "比之匪人", 不亦傷乎?
상왈 비지비인 불역상호

육사효, 밖으로 가까이 지내며 돕는 것이니, 바르게 행하여서 길하다.

「상전」에서 말했다. 밖으로 현자와 가까이 지내며 돕는 것은 위에 있는 구오를 따르는 것이다.

六四, 外比之, 貞, 吉.
육사 외비지 정 길

象曰, 外比於賢, 以從上也.
상왈 외비어현 이종상야

구오효, 가까이 지내며 돕는 것을 드러냄이다. 왕이 세 방향으로 몰아가면서 앞서 도망가는 짐승을 잡지 않으며 자신이 직접 다스리는 곳의 사람들에게만 약속하지 않으면 길하다.

「상전」에서 말했다. 가까이 지내며 돕는 것을 드러내는 것이 길함은 그 지위가 올바름正과 중도中를 얻었기 때문이다. 거스르는 자를 버리고 순종하는 자를 취하는 것이 "앞서 도망가는 짐승을 잡지 않음"이다. "자신이 직접 다스리는 곳의 사람들에게만 약속하지 않음"은 윗사람이 아랫사람을 부리는 것이 적절하기 때문이다.

九五, 顯比. 王用三驅, 失前禽, 邑人不誡, 吉.
구오 현비 왕용삼구 실전금 읍인불계 길

象曰, 顯比之吉, 位正中也. 舍逆取順, "失前禽"也.
상왈 현비지길 위정중야 사역취순 실전금 야

"邑人不誡", 上使中也.
읍인불계 상사중야

상육효, 사람들과 가까이 지내며 돕는데 처음부터 믿음이 없으니, 흉하다.

「상전」에서 말했다. "사람들과 가까이 지내며 돕는데 처음부터 믿음이 없으니" 끝이 좋을 수 없다.

上六, 比之无首, 凶.
상육 비지무수 흉

象曰, "比之无首", 无所終也.
상왈 비지무수 무소종야

9
음陰이 저지함, 풍천 소축
風天小畜

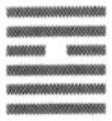

소축괘小畜卦는 형통하다. 구름이 빽빽한데 비가 오지 않는 것*은 내가 서쪽 교외에서 왔기 때문**이다.

小畜, 亨. 密雲不雨, 自我西郊.
소축 형 밀운불우 자아서교

「단전」에서 말했다.

* 구름이 빽빽한데 비가 오지 않는 것: 큰일을 할 수 없는 것을 의미한다.
** 내가 서쪽 교외에서 왔기 때문 : 서쪽은 음의 방향이고 교외는 먼 곳이라서 '내가 음이고 멀리서 왔기 때문'에 큰일을 할 수 없다는 의미다.

소축은 부드러운 음陰, 육사이 제자리를 얻어 위와 아래가 호응하기 때문에 '음이 저지한다'小畜고 한 것이다. 굳세고 공손하며, 굳센 양陽, 구이와 구오이 중도中에 맞고 행하는 것에 뜻을 두니, 마침내 형통한 것이다. "구름이 빽빽한데 비가 오지 않는 것"은 양이 오히려 올라가기 때문이고 "내가 서쪽 교외에서 왔기 때문"이라 함은 베푸는 것이 행해지지 못하는 것이다.

彖曰, 小畜, 柔得位 而上下應之, 曰 '小畜'.
단왈 소축 유득위 이상하응지 왈 소축

健而巽, 剛中而志行, 乃亨. "密雲不雨", 尙往也,
건이손 강중이지행 내형 밀운불우 상왕야

"自我西郊", 施未行也.
자아서교 시미행야

「상전」에서 말했다. 바람巽, ☴이 하늘乾, ☰ 위에 부는 것이 소축괘이니, 군자가 이것을 보고 문장과 재예才藝를 쌓아 아름답게 한다.

象曰, 風行天上, 小畜, 君子以, 懿文德.
상왈 풍행천상 소축 군자이 의문덕

초구효, 회복함이 도를 따름이니 무슨 허물이 있겠는가? 길하다.

「상전」에서 말했다. "회복함이 도를 따름"은 마땅한 것이라 길하다.

初九, 復, 自道, 何其咎? 吉.
초구 복 자도 하기구 길

象曰, "復, 自道", 其義吉也.
상왈 복 자도 기의길야

구이효, 이끌어 연합하여 회복함이니 길하다.

「상전」에서 말했다. "이끌어 연합하여 회복함"은 중中의 자리에 있기 때문이니, 또한 스스로 중도를 잃지 않음이다.

九二, 牽復, 吉.
구이 견복 길

象曰, "牽復", 在中, 亦不自失也.
상왈 견복 재중 역부자실야

구삼효, 수레에 바퀴살이 빠진 것이니 부부가 서로 반목하는 것이다.

「상전」에서 말했다. "부부가 서로 반목하는 것"은 구삼이 집안을 바로잡지 못하기 때문이다.

九三, 輿說輻, 夫妻反目.
구삼 여탈복 부처반목

象曰, "夫妻反目", 不能正室也.
상왈 부처반목 불능정실야

육사효, 진실한 믿음을 다하면 피 흘리는 상황*에서 벗어나고 두려움에서 빠져나오니 허물이 없다.

「상전」에서 말했다. '진실한 믿음을 다하면 두려움에서 빠져나오는 것'은 위에 있는 구오효와 뜻이 합치되기 때문이다.

六四, 有孚, 血去, 惕出, 无咎.
육사 유부 혈거 척출 무구

象曰, '有孚, 惕出', 上合志也.
상왈 유부 척출 상합지야

* 육사의 음효가 아래에서 올라오는 3개의 양효를 저지하고 있는 상황이라서 '피 흘리는 상황'이라고 하였다.

구오효, 진실함과 믿음이 있음이다. 여러 양陽들을 끌어당겨서 부유함으로써 그 이웃과 함께하는 것이다.

「상전」에서 말했다. 진실함과 믿음이 있어서 여러 양들을 끌어당겨 함께함은 혼자서 부를 소유하지 않는 것이다.

九五, 有孚. 攣如, 富以其鄰.
구오 유부 련여 부이기린

象曰, 有孚攣如, 不獨富也.
상왈 유부련여 부독부야

상구효, 비가 오고 나서 그침은 덕을 숭상하여 가득 쌓인 것이니 부인이 이것을 계속 고수하면 위태롭다. 달이 보름에 가까워서 음陰의 기운이 가장 왕성한 것이니, 군자가 움직이면 흉하리라.

「상전」에서 말했다. "비가 오고 나서 그침"은 덕을 쌓아 가득 실은 것이다. "군자가 움직이면 흉하리라" 함은 의심하고 염려해야 할 바가 있는 것이다.

上九, 旣雨旣處, 尙德, 載, 婦貞, 厲. 月幾望,
상구 기우기처 상덕 재 부정 려 월기망

君子征, 凶.
군자정 흉

象曰, "旣雨旣處", 德積載也. "君子征, 凶",
상왈 기우기처 덕적재야 군자정 흉

有所疑也.
유소의야

10
예禮의 실천, 천택 리
天澤履

䷉

리괘履卦는 호랑이 꼬리를 밟아도 사람을 물지 않으니, 형통하다.

履虎尾, 不咥人, 亨.
리 호 미 　부 질 인 　형

「단전」에서 말했다.
리는 부드러운 태괘兌卦가 강한 건괘乾卦의 아래 있어 밟힘이니, 기뻐하면서 하늘에 응한다.* 그런 까닭에 "호랑이 꼬리를 밟아도 사람을 물지 않으니, 형통하다". 굳센 양陽이 중도中를 지키며 올바름正이니 제왕의 자리에서 허물이 없으면,

그 덕이 빛나고 밝게 된다.

彖曰, 履, 柔履剛也, 說而應乎乾. 是以 "履虎尾,
단왈 리 유리강야 열이응호건 시이 리호미

不咥人, 亨". 剛中正, 履帝位而不疚, 光明也.
부질인 형 강중정 리제위이불구 광명야

「상전」에서 말했다. 위는 하늘乾, ☰이고 아래는 연못兌, ☱이 리괘이니, 군자는 이것을 보고 위와 아래를 분별해서 백성들의 마음을 안정시킨다.

象曰, 上天下澤, 履, 君子以, 辨上下, 定民志.
상왈 상천하택 리 군자이 변상하 정민지

초구효, 본래대로 행하여 나아가면 허물이 없다.

「상전」에서 말했다. 본래대로 행하여 나아감은 오로지 원하는 바를 행하는 것이다.

初九, 素履, 往, 无咎.
초구 소리 왕 무구

象曰, 素履之往, 獨行願也.
상왈 소리지왕 독행원야

* 소성괘 건괘(☰)는 하늘(天)과 굳셈·항상성(健)을, 태괘(☱)는 연못(澤)과 기쁨(說)을 의미한다.

구이효, 행하는 도리가 탄탄하니 마음이 차분한 사람이라야 올바르고 길하다.

「상전」에서 말했다. "마음이 차분한 사람이라야 올바르고 길함"은 마음이 스스로 어지러워지지 않기 때문이다.

九二, 履道坦坦, 幽人貞吉.
구이 리도탄탄 유인정길

象曰, "幽人貞吉", 中不自亂也.
상왈 유인정길 중부자란야

육삼효, 애꾸눈이 보려 하고, 절름발이가 걸으려 하는 것이다. 호랑이 꼬리를 밟아서 사람을 무니 흉하고, 무력을 쓰는 포악한 사람이 대군(왕)이 되려고 한다.

「상전」에서 말했다. "애꾸눈이 보려 함"은 밝게 볼 수가 없고, "절름발이가 걸으려 함"은 양과 더불어 함께 갈 수 없는 것이다. 사람을 물어서 흉한 것은 지위가 합당치 못하기 때문이고, "무력을 쓰는 포악한 사람이 대군이 되는 것"은 뜻이 강하기 때문이다.

六三, 眇能視, 跛能履. 履虎尾, 咥人, 凶,
육삼 묘능시 파능리 리호미 질인 흉

武人爲于大君.
무인위우대군

象曰, "眇能視", 不足以有明也,
상왈 묘능시 부족이유명야

"跛能履", 不足以與行也. 咥人之凶, 位不當也,
파능리 부족이여행야 질인지흉 위부당야

"武人爲于大君", 志剛也.
무인위우대군 지강야

구사효, 호랑이 꼬리를 밟으니 두려워하고 조심하면 결국에는 길하리라.

「상전」에서 말했다. "두려워하고 조심하면 결국에는 길함"은 뜻이 행해진다는 것이다.

九四, 履虎尾, 愬愬, 終吉.
구사 리호미 색색 종길

象曰, "愬愬, 終吉", 志行也.
상왈 색색 종길 지행야

구오효, 강하게 결단하여 행함이니 바르더라도 위태롭다.

「상전」에서 말했다. "강하게 결단하여 행함이니 바르더라도 위태롭다" 함은 구오의 지위가 바로 거기에 해당하기 때문이다.

九五, 夬履, 貞, 厲.
구오 쾌리 정 려

象曰, "夬履, 貞, 厲", 位正當也.
상왈 쾌리 정 려 위정당야

상구효, 행하여 지나온 것을 보아서 선악과 화복을 상세히 살피되 두루 잘못이 없으면 크게 좋고 길하리라.

「상전」에서 말했다. "크게 좋고 길함"이 가장 윗자리인 상효에 있는 것은 크게 경사가 있음이다.

上九, 視履, 考祥, 其旋, 元吉.
상구 시리 고상 기선 원길

象曰, "元吉" 在上, 大有慶也.
상왈 원길 재상 대유경야

11
소통과 편안함, 지천 태
地天泰

䷊

태괘泰卦는 작은 것陰, 소인이 가고 큰 것陽, 군자이 오니, 길하고 형통하다.

泰, 小往, 大來, 吉, 亨.
태 소왕 대래 길 형

「단전」에서 말했다.

“태괘는 작은 것이 가고 큰 것이 오니, 길하고 형통하다” 함은 하늘과 땅이 교류하여 만물이 통하고, 위와 아래가 교류하여 그 뜻이 같아지는 것이다. 양이 안에 있고 음이 바깥에 자리하며, 심지가 굳건하고 겉으로 드러난 언행이 유순하고, 군자가 안에 있고 소인이 바깥에 있으니 군자의 도가 자라나고 소인의 도는 사라진다.

彖曰, "泰, 小往, 大來, 吉, 亨." 則是
단왈 태 소왕 대래 길 형 즉시

天地交而萬物通也, 上下交而其志同也.
천지교이만물통야 상하교이기지동야

內陽而外陰, 內健而外順, 內君子而外小人,
내양이외음 내건이외순 내군자이외소인

君子道長, 小人道消也.
군자도장 소인도소야

「상전」에서 말했다. 하늘乾, ☰과 땅坤, ☷이 교류하는 것이 태괘이니, 군주는 이것을 보고 천지의 도를 마름질하여 완성하고 천지의 마땅함을 보충하고 도와서 이로써 백성들을 보살핀다.

象曰, 天地交, 泰, 后以, 財成天地之道,
상왈 천지교 태 후이 재성천지지도

輔相天地之宜, 以左右民.
보상천지지의 이좌우민

초구효, 띠풀을 뿌리째 뽑음이라. 그 동류와 무리지어 나아가면 길하다.

「상전」에서 말했다. '띠풀을 뿌리째 뽑듯이 무리지어 나아가면 길함'은 뜻이 밖에 있기 때문이다.

初九, 拔茅茹, 以其彙征, 吉.
초구 발모여 이기휘정 길

象曰, '拔茅, 征, 吉', 志在外也.
상왈 발모 정 길 지재외야

구이효, 거친 것을 포용하고 걸어서 황하를 건너는 과감함을 쓰며, 멀리 있는 사람인재을 버리지 않고 사사로운 자신의 무리朋黨를 버리면, 중도를 행하는 것에 맞게 된다.

「상전」에서 말했다. '거친 것을 포용하고 중도를 행하는 것에 맞게 됨'은 그 도가 밝게 빛나고 크게 드러나는 것이다.

九二, 包荒, 用馮河, 不遐遺, 朋亡, 得尙于中行.
구이 포황 용빙하 불하유 붕망 득상우중행

象曰, '包荒, 得尙于中行', 以光大也.
상왈 포황 득상우중행 이광대야

구삼효, 평평하기만 하고 기울지 않는 것은 없으며 가기만 하고 돌아오지 않는 것은 없다. 어렵게 여기고 올바름을 지키면 허물이 없고 근심하지 않아도 진실한 믿음이 있으면 벼슬함에 복이 있으리라.
「상전」에서 말했다. "가기만 하고 돌아오지 않는 것은 없다" 함은 하늘과 땅이 사귀는 것이다.

九三, 无平不陂, 无往不復. 艱貞, 无咎, 勿恤,
구삼 무평불피 무왕불복 간정 무구 물휼

其孚, 于食, 有福.
기부 우식 유복

象曰, "无往不復", 天地際也.
상왈 무왕불복 천지제야

육사효, 새가 가볍게 날듯이 아래로 내려가 부유하지 않은데도 그 이웃과 함께하니 경계하지 않고 진실하게 믿는다.
「상전」에서 말했다. "새가 가볍게 날듯이 아래로 내려가 부유하지 않음"은 음이 윗자리에 있어서 실제 있어야 할 자리를 잃었기 때문이고, "경계하지 않고 진실하게 믿는 것"은 마음속에서 원하기 때문이다.

六四, 翩翩, 不富以其鄰, 不戒以孚.
육사 편편 불부이기린 불계이부

象曰, "翩翩, 不富", 皆失實也, "不戒以孚",
상왈 편편 불부 개실실야 불계이부

中心願也.
중심원야

육오효, 제을帝乙* 이 누이동생을 시집보냄이니 복을 얻고 크게 좋고 길하리라.

「상전」에서 말했다. "복을 얻고 크게 좋고 길하리라"는 말은 중도를 지키며 원하는 것을 행했기 때문이다.

六五, 帝乙歸妹, 以祉, 元吉.
육오 제을귀매 이지 원길

象曰, "以祉, 元吉", 中以行願也.
상왈 이지 원길 중이행원야

* 제을 : 은나라의 29대 왕으로, 왕가에서 딸이나 누이동생을 시집보내는 예를 정했다고 전해진다.

상육효, 성이 무너져 해자垓字, 성 주위에 판 도랑로 돌아간다. 군사를 쓰지 말아야 하는데 자신이 다스리는 고을에서 명을 내리니, 올바르더라도 부끄럽다.

「상전」에서 말하였다. "성이 무너져 해자로 돌아감"은 그 명령이 어지러워진 것이다.

上六, 城復于隍. 勿用師, 自邑告命, 貞, 吝.
상육 성복우황 물용사 자읍고명 정 린

象曰, "城復于隍", 其命亂也.
상왈 성복우황 기명란야

12
불통과 단절, 천지 비
天地 否

䷋

비괘否卦는 인간의 길이 아니다. 군자가 올바름을 지킴에 이롭지 않으니, 큰 것陽, 군자이 가고 작은 것陰, 소인이 온다.

否之匪人. 不利君子貞, 大往小來.
비지비인 불리군자정 대왕소래

「단전」에서 말했다.

"비괘는 인간의 길이 아니고, 군자가 올바름을 지킴에 이롭지 않으니, 큰 것이 가고 작은 것이 온다" 함은 하늘과 땅이 교류하지 않아 만물이 소통하지 않으며, 위와 아래가 교류하지 않아 천하에 나라가 없다는 말이다. 안에는 음陰이 있고 바깥에 양陽이 자리하여, 내면은 유약하고 겉으로 드러난 언행은 굳세며, 안에 소인이 있고 군자가 바깥에 있으니, 소인의 도가 자라나고 군자의 도는 사라진다.

彖曰, "否之匪人, 不利君子貞, 大往小來" 則是
단왈 비지비인 불리군자정 대왕소래 즉시

天地不交而萬物不通也, 上下不交而天下无邦也.
천지불교이만물불통야 상하불교이천하무방야

內陰而外陽, 內柔而外剛, 內小人而外君子,
내음이외양 내유이외강 내소인이외군자

小人道長, 君子道消也.
소인도장 군자도소야

「상전」에서 말했다. 하늘乾, ☰과 땅坤, ☷이 교류하지 않는 것이 비괘이니, 군자는 이것을 보고 자신의 덕을 거두어 들여서 재앙과 환란을 피하되 녹봉으로 영화를 누려서는 안 된다.

象曰, 天地不交, 否, 君子以, 儉德辟難,
상왈 천지불교 비 군자이 검덕피난

不可榮以祿.
불가영이록

초육효, 띠풀을 뿌리째 뽑음이라. 그 동류와 무리지어 바르게 지키면 길하고 형통하다.

「상전」에서 말했다. '띠풀을 뿌리째 뽑듯이 그 동류와 무리 지어 바르게 지키면 길함'은 뜻이 군주에게 있음이다.

初六, 拔茅茹, 以其彙, 貞, 吉, 亨.
초육 발모여 이기휘 정 길 형

象曰, '拔茅, 貞, 吉', 志在君也.
상왈 발모 정 길 지재군야

육이효, 마음에 품고 있는 것이 윗사람의 뜻을 받드는 일이다. 소인의 경우에는 길하고 대인의 경우에는 막힌 것이니 형통하다.

「상전」에서 말했다. "대인의 경우에는 막힌 것이니 형통함"은 소인의 무리와 어지럽게 섞이지 않았기 때문이다.

六二, 包承. 小人吉, 大人否, 亨.
육이 포승 소인길 대인비 형

象曰, "大人否, 亨", 不亂羣也.
상왈 대인비 형 불란군야

육삼효, 마음에 품고 있는 것이 부끄럽다.

「상전」에서 말했다. "마음에 품고 있는 것이 부끄러움"은 지위가 합당하지 않기 때문이다.

六三, 包羞.
육삼 포수

象曰, "包羞", 位不當也.
상왈 포수 위부당야

구사효, 군주의 명이 있어 행하면 허물이 없으니 동류가 복을 누린다.
「상전」에서 말했다. "군주의 명이 있어 행하면 허물이 없음"은 그 뜻이 시행된다는 것이다.

九四, 有命, 无咎, 疇離祉.
구사 유명 무구 주리지

象曰, "有命, 无咎", 志行也.
상왈 유명 무구 지행야

구오효, 막힌 것을 그치게 하니, 대인의 길함이다. 나라가 망할까, 망할까 염려하여 무더기로 난 뽕나무에 묶어 매는 것이다.

「상전」에서 말했다. 대인의 길함은 지위가 올바르고 합당하기 때문이다.

九五, 休否, 大人吉. 其亡其亡, 繫于苞桑.
구오 휴비 대인길 기망기망 계우포상

象曰, 大人之吉, 位正當也.
상왈 대인지길 위정당야

상구효, 막힌 것이 기울어짐이니 우선은 막히고 나중에는 기쁘리라.

「상전」에서 말했다. 비否의 때가 끝나 가며 기울어짐이니, 어찌 오래갈 수 있겠는가!

上九, 傾否, 先否, 後喜.
상구 경비 선비 후희

象曰, 否終則傾, 何可長也!
상왈 비종즉경 하가장야

13
다른 사람과 함께함, 천화 동인
天火同人

䷌

동인괘同人卦는 사람들과 함께하기를 넓은 들판에서 하면 형통하니, 큰 강을 건너는 것이 이롭고, 군자가 올바르게 행하는 것이 이롭다.

同人于野, 亨, 利涉大川, 利君子貞.
동인우야 형 리섭대천 리군자정

「단전」에서 말했다.
동인은 부드러운 음陰, 육이이 올바른 자리正位와 중도中를 얻고서 하늘陽, 구오에 응하니 '사람들과 함께한다'同人고 한 것이다. "사람들과 함께하기를 넓은 들판에서 하면 형통하니,

큰 강을 건너는 것이 이롭다" 함은 하늘의 도를 행하는 것이다. 문명하면서 굳건하고 중도를 지키며 바른 것으로 응하니 군자의 바른 도이다. 오직 군자만이 능히 천하 백성의 뜻과 통할 수 있음이다.

彖曰, 同人, 柔得位, 得中而應乎乾, 曰 '同人'.
단 왈 동 인 유 득 위 득 중 이 응 호 건 왈 동 인

[同人曰]* "同人于野, 亨, 利涉大川", 乾行也.
동 인 왈 동 인 우 야 형 리 섭 대 천 건 행 야

文明以健, 中正而應, 君子正也. 唯君子
문 명 이 건 중 정 이 응 군 자 정 야 유 군 자

爲能通天下之志.
위 능 통 천 하 지 지

「상전」에서 말했다. 하늘乾, ☰과 불離, ☲이 동인괘이니, 군자는 이것을 보고 유형에 따라 사물事物을 분별한다.

象曰, 天與火, 同人, 君子以, 類族辨物.
상 왈 천 여 화 동 인 군 자 이 류 족 변 물

* 대괄호 안의 '同人曰' 세 글자는 잘못 쓴 글자라고 되어 있지만 원문에서 삭제하지는 않았다. 뜻 풀이에서는 이 구절을 빼고 해석했다.

초구효, 문을 나가서 사람들과 함께하니, 허물이 없다.

「상전」에서 말했다. 문 밖으로 나가서 사람들과 함께하니, 또 누가 문제 삼겠는가!

初九, 同人于門, 无咎.
초구 동인우문 무구

象曰, 出門同人, 又誰咎也!
상왈 출문동인 우수구야

육이효, 자기 집안에서만 사람들과 함께하니, 부끄럽다.

「상전」에서 말했다. "자기 집안에서만 사람들과 함께함"은 도리에 부끄러운 것이다.

六二, 同人于宗, 吝.
육이 동인우종 린

象曰, "同人于宗", 吝道也.
상왈 동인우종 린도야

구삼효, 병사를 수풀에 감추어 두고 높은 언덕에 올라가서 엿보지만 3년 동안 일으키지 못한다.

「상전」에서 말했다. "병사를 수풀에 감추어 둠"은 적구오이 강한 것이다. "3년 동안 일으키지 못함"이니 어찌 감행하겠는가?

九三, 伏戎于莽, 升其高陵, 三歲不興.
구삼 복융우망 승기고릉 삼세불흥

象曰, "伏戎于莽", 敵剛也. "三歲不興", 安行也?
상왈 복융우망 적강야 삼세불흥 안행야

구사효, 담장에 올라가지만 구오를 공격하지 못하니 길하다.
「상전」에서 말했다. "담장에 올라간 것"은 의리상 이길 수 없어서이다. 구사가 길한 것은 곤란해져서 이치를 지키는 데로 돌아오기 때문이다.

九四, 乘其墉, 弗克攻, 吉.
구사 승기용 불극공 길

象曰, "乘其墉", 義弗克也. 其吉, 則困而反則也.
상왈 승기용 의불극야 기길 즉곤이반칙야

구오효, 사람들과 함께하는데 먼저 울부짖다가 나중에 웃으니, 크게 군대를 써서 이겨야 육이와 서로 만나게 된다.
「상전」에서 말했다. 사람들과 함께하는데 먼저 울부짖음은 중도를 지키며 이치가 곧기 때문이다. '크게 군대를 써서 서로 만나게 됨'은 능히 이길 수 있다는 말이다.

九五, 同人, 先號咷而後笑, 大師克, 相遇.
구오 동인 선호도이후소 대사극 상우

象曰, 同人之先, 以中直也. '大師, 相遇', 言相克也.
상왈 동인지선 이중직야 대사 상우 언상극야

상구효, 교외에서 사람들과 함께하니 후회할 일이 없다.

「상전」에서 말했다. "교외에서 사람들과 함께함"은 뜻을 이루지 못하는 것이다.

上九, 同人于郊, 无悔.
상구 동인우교 무회

象曰, "同人于郊", 志未得也.
상왈 동인우교 지미득야

14
크게 소유함, 화천 대유
火天大有

䷍

대유괘大有卦는 크게 좋고 형통하다.

大有, 元亨.
대유 원형

「단전」에서 말했다.

대유는 부드러운 음陰, 육오이 존귀한 자리를 얻고, 위대한 중도의 덕을 얻어 위에 있는 육오와 아래 있는 구이가 감응하니 '크게 소유함'大有이라 하였다. 그 덕이 강건하고 문명하며, 하늘에 호응하여 때에 맞게 행한다. 이 때문에 "크게 좋고 형통하다".

彖曰, 大有, 柔得尊位, 大中而上下應之, 曰 '大有'.
단왈 대유 유득존위 대중이상하응지 왈 대유

其德剛健而文明, 應乎天而時行, 是以 "元亨".
기덕강건이문명 응호천이시행 시이 원형

「상전」에서 말했다. 불離, ☲이 하늘乾, ☰ 위에 있는 것이 대유괘이니, 군자는 이것을 보고 악을 막고 선을 널리 알려서 하늘의 아름다운 명을 따른다.

象曰, 火在天上, 大有, 君子以, 遏惡揚善,
상왈 화재천상 대유 군자이 알악양선

順天休命.
순천휴명

초구효, 해를 끼치는 것과 무관하니 허물이 아니다. 이 상황을 어렵게 여기고 조심하면 허물이 없다.

「상전」에서 말했다. 대유괘의 초구는 "해를 끼치는 것과 무관하다".

初九, 无交害, 匪咎. 艱則无咎.
초구 무교해 비구 간즉무구

象曰, 大有初九, "无交害"也.
상왈 대유초구 무교해 야

구이효, 큰 수레로 짐을 싣는 것이니, 나아가는 바가 있어서 허물이 없다.

「상전」에서 말했다. "큰 수레로 짐을 싣고 감"은 수레의 중심에 쌓아서 무너지지 않는 것이다.

九二, 大車以載, 有攸往, 无咎.
구이 대거이재 유유왕 무구

象曰, "大車以載", 積中不敗也.
상왈 대거이재 적중불패야

구삼효, 공公, 제후이 자신의 재물을 써서 천자를 형통하게 하는 것이니, 소인은 할 수 없다.

「상전」에서 말했다. "공이 자신의 재물을 써서 천자를 형통하게 하는 것"은 소인에게는 해가 된다.

九三, 公用亨于天子, 小人弗克.
구삼 공용형우천자 소인불극

象曰, "公用亨于天子", 小人害也.
상 왈 공용형우천자 소인해야

구사효, 지나친 성대함에 처하지 않으면 허물이 없다.

「상전」에서 말했다. "지나친 성대함에 처하지 않으면 허물이 없음"은 밝게 분별하는 지혜가 있기 때문이다.

九四, 匪其彭, 无咎.
구사 비기방 무구

象曰, "匪其彭, 无咎", 明辨晳也.
상 왈 비기방 무구 명변석야

육오효, 진실한 믿음을 가지고 사람들과 더불어 사귀는 것이니, 위엄이 있으면 길하다.

「상전」에서 말했다. "진실한 믿음을 가지고 더불어 사귐"은 믿음으로써 사람들의 뜻을 일으키는 것이다. "위엄이 있으면 길함"은 아랫사람들이 윗사람을 쉽게 여겨 대비하지 않기 때문이다.

六五, 厥孚交如, 威如, 吉.
육오 궐부교여 위여 길

象曰, "厥孚交如", 信以發志也. "威如之吉",
상 왈 궐부교여 신이발지야 위여지길

易而无備也.
이이무비야

상구효, 하늘로부터 도와줌이니, 길하고 이롭지 않음이 없다.

「상전」에서 말했다. 대유괘의 상구가 길한 것은 하늘로부터 도와주기 때문이다.

上九, 自天祐之, 吉无不利.
상구 자천우지 길무불리

象曰, 大有上吉, 自天祐也.
상왈 대유상길 자천우야

15
자신을 낮춤, 지산 겸
地山謙

䷎

겸괘謙卦는 형통하니, 군자는 끝마침이 있다.

謙, 亨, 君子有終.
겸 형 군자유종

「단전」에서 말했다.

"겸괘는 형통하다"는 것은 하늘의 도는 아래로 이어져 빛나고 밝으며, 땅의 도는 낮은 곳에서 그 기운이 위로 행하는 것이다. 하늘의 도는 가득 찬 것을 이지러지게 하며 겸손한 것을 더해주고, 땅의 도는 가득 찬 것을 변화시켜 겸손한 데로 흐르게 한다. 귀신은 가득 찬 것을 해치고 겸손한 것에 복을 주고, 사람의 도는 가득 찬 것을 미워하고 겸손한 것을 좋아 한다. 겸손함의 도는 높고 빛나며 낮추어 처신하여도 뛰어 넘을 수 없으니, 군자의 끝마침이다.

彖曰, "謙, 亨", 天道下濟而光明, 地道卑而上行.
단왈 겸 형 천도하제이광명 지도비이상행

天道虧盈而益謙, 地道變盈而流謙. 鬼神
천도휴영이익겸 지도변영이류겸 귀신

害盈而福謙, 人道惡盈而好謙.
해영이복겸 인도오영이호겸

謙尊而光, 卑而不可踰, 君子之終也.
겸존이광 비이불가유 군자지종야

「상전」에서 말했다. 땅坤, ☷ 속에 산艮, ☶이 있는 것이 겸괘이니, 군자는 이것을 보고 많은 곳에서 취하여 적은 곳에 더해 주며, 만물을 저울질하여 베풀기를 고르게 한다.

象曰, 地中有山, 謙, 君子以, 裒多益寡, 稱物平施.
상왈 지중유산 겸 군자이 부다익과 칭물평시

초육효, 겸손하고 겸손한 군자이니 이것을 써서 큰 강을 건너더라도 길하다.

「상전」에서 말했다. "겸손하고 겸손한 군자"는 낮춤으로써 스스로를 기르는 것이다.

初六, 謙謙君子, 用涉大川, 吉.
초육 겸겸군자 용섭대천 길

象曰, "謙謙君子", 卑以自牧也.
상왈 겸겸군자 비이자목야

육이효, 겸손함이 울려 드러나니, 올바르고 길하다.

「상전」에서 말했다. "겸손함이 울려 드러나니, 올바르고 길함"은 마음속에서 스스로 얻는 것이다.

六二, 鳴謙, 貞, 吉.
육이 명겸 정 길

象曰, "鳴謙, 貞, 吉", 中心得也.
상왈 명겸 정 길 중심득야

구삼효, 공로가 있으면서 겸손함이니, 군자는 끝마침이 있어 길하다.

「상전」에서 말했다. "공로가 있으면서 겸손한 군자"는 천하의 모든 백성이 존경하고 따른다.

九三, 勞謙, 君子有終, 吉.
구삼 로겸 군자유종 길

象曰, "勞謙, 君子", 萬民服也.
상왈 로겸 군자 만민복야

육사효, 겸손함을 발휘하는데 이롭지 않음이 없다.

「상전」에서 말했다. "겸손함을 발휘하는데 이롭지 않음이 없음"은 법칙에 어긋나지 않았기 때문이다.

六四, 无不利撝謙.
육사 무불리휘겸

象曰, "无不利撝謙", 不違則也.
상왈 무불리휘겸 불위칙야

육오효, 부유하지 않아도 이웃을 얻으니 무력으로 치는 것이 이로우며 이롭지 않음이 없다.

「상전」에서 말했다. "무력으로 치는 것이 이로움"은 복종하지 않는 자를 정벌하는 것이다.

六五, 不富以其鄰, 利用侵伐, 无不利.
육오 불부이기린 리용침벌 무불리

象曰, "利用侵伐", 征不服也.
상왈 리용침벌 정불복야

상육효, 겸손함이 울려 드러남이니 군대를 움직여 자신이 다스리는 곳을 단속함이 이롭다.

「상전」에서 말했다. "겸손함이 울려 드러남"은 겸손하고자 하는 뜻을 얻지 못한 것이니, 군대를 움직여 자신이 다스리는 곳을 단속해야 한다.

上六, 鳴謙, 利用行師, 征邑國.
상육 명겸 리용행사 정읍국

象曰, "鳴謙", 志未得也. 可用行師, 征邑國也.
상왈 명겸 지미득야 가용행사 정읍국야

16
화락함과 기쁨, 뇌지 예
雷地豫

䷏

예괘豫卦는 제후를 세우고 군대를 움직이는 것이 이롭다.

豫, 利建侯行師.
예 리건후행사

「단전」에서 말했다.

예는 굳센 양陽, 구사이 호응을 얻어서 뜻이 행해지고 이치를 따르면서 움직이니 '기쁨'豫이다. 기쁘게 이치에 순종하면서 움직인다. 그러므로 천지도 이와 같은데 하물며 제후를 세우고 군대를 움직이는 것은 어떠하겠는가? 천지는 이치에 순종하면서 움직이므로, 해와 달의 변화에 지나침이 없고 사계절의 운행에 어그러짐이 없다. 성인이 이치에 순종하면서 움직이므로, 형벌이 분명해지고 백성들이 마음으로 복종한다. 기쁨豫의 때와 뜻이 위대하구나!

彖曰, 豫, 剛應而志行, 順以動, '豫'.
단왈 예 강응이지행 순이동 예

豫順以動. 故天地如之, 而況建侯行師乎?
예순이동 고천지여지 이황건후행사호

天地以順動, 故日月不過, 而四時不忒.
천지이순동 고일월불과 이사시불특

聖人以順動, 則刑罰淸而民服. 豫之時義 大矣哉!
성인이순동 즉형벌청이민복 예지시의 대의재

「상전」에서 말했다. 우레震, ☳가 땅坤, ☷에서 나와 떨치는 것이 예괘이니, 선왕이 이것을 보고 음악을 지어 공덕을 높이 기리고 상제께 성대하게 제사 드리며 조상의 신주를 함께 모셨다.

象曰, 雷出地奮, 豫, 先王以, 作樂崇德,
상왈 뇌출지분 예 선왕이 작악숭덕

殷薦之上帝, 以配祖考.
은천지상제 이배조고

초육효, 기쁨을 드러내어 울리니 흉하다.
「상전」에서 말했다. 초육에서 "기쁨을 드러내어 울림"은 제 뜻대로 함이 극에 달하여 흉한 것이다.

初六, 鳴豫, 凶.
초육 명예 흉

象曰, 初六 "鳴豫", 志窮, 凶也.
상왈 초육 명예 지궁 흉야

육이효, 절개가 돌과 같이 굳세어 하루 종일 기쁨에 취해 있지 않고 떠나가니 올바르고 길하다.
「상전」에서 말했다. "하루 종일 기쁨에 취해 있지 않고 떠나가니 올바르고 길함"은 중도와 올바름을 지키기 때문이다.

六二, 介于石, 不終日, 貞吉.
육이 개우석 부종일 정길

象曰, "不終日, 貞吉", 以中正也.
상왈 부종일 정길 이중정야

육삼효, 위에 있는 구사효를 올려다보며 기뻐하니 후회가 있고, 머뭇거리며 지체하여도 후회하리라.

「상전」에서 말했다. '위에 있는 구사효를 올려다보며 기뻐하니 후회가 있음'은 자리가 합당치 않기 때문이다.

六三, 盱豫, 悔, 遲, 有悔.
육삼 우예 회 지 유회

象曰, "盱豫, 有悔", 位不當也.
상왈 우예 유회 위부당야

구사효, 기쁨이 구사효로 인해 말미암는 것이니 크게 얻음이 있다. 의심하지 않으면 도와줄 벗들이 모여들리라.

「상전」에서 말했다. "기쁨이 구사효로 인해 말미암는 것이니 크게 얻음이 있음"은 뜻이 크게 행해지는 것이다.

九四, 由豫, 大有得, 勿疑, 朋, 盍簪.
구사 유예 대유득 물의 붕 합잠

象曰, "由豫, 大有得", 志大行也.
상왈 유예 대유득 지대행야

육오효, 바른 자리에 있으나 질병이 있어서 항상 앓고 있으면서도 죽지 않는다.

「상전」에서 말했다. 육오효가 "바른 자리에 있으나 질병이 있는 것"은 굳센 양陽, 구사을 올라탔기 때문이고, "항상 앓고 있으면서도 죽지 않는다"는 것은 중中의 자리를 잃지 않았기 때문이다.

六五, 貞, 疾, 恒不死.
육오 정 질 항불사

象曰, 六五 "貞, 疾", 乘剛也, "恒不死", 中未亡也.
상왈 육오 정 질 승강야 항불사 중미망야

상육효, 기쁨에 빠져 어두워짐이 이루어졌으나 바꿀 수 있으면 허물이 없다.

「상전」에서 말했다. "기쁨에 빠져 어두워진" 상태로 윗자리에 있으니, 어찌 오래갈 수 있겠는가?

上六, 冥豫, 成, 有渝, 无咎.
상육 명예 성 유투 무구

象曰, "冥豫" 在上, 何可長也?
상왈 명예 재상 하가장야

17
기꺼이 뒤따름, 택뢰 수
澤雷隨

䷐

수괘隨卦는 크게 형통하니 바르게 함이 이롭고 허물이 없다.

隨, 元亨, 利貞, 无咎.
수 원형 리정 무구

「단전」에서 말했다.

수는 굳센 양陽이 와서 부드러운 음陰에 자신을 낮추고*, 움직이면서 기뻐하는 것이요, '민심이 따름隨'이다. 크게 형통

* 건괘(乾卦)의 상구(上九)가 와서 곤괘(坤卦) 초육(初六)에 자리하고 곤괘의 초육이 올라가서 건괘의 상구에 자리한 것으로 보아서 굳센 양(陽剛)이 내려와서 부드러운 음(陰柔)에게 낮추는 것으로 보았다.

하고 바르게 하여 허물이 없어서 천하가 때를 따름이니 때에 따르는 뜻이 위대하도다!

彖曰, 隨, 剛來而下柔, 動而說, '隨'. 大亨, 貞,
단 왈 수 강 래 이 하 유 동 이 열 수 대 형 정

无咎, 而天下隨時, 隨時之義大矣哉!
무 구 이 천 하 수 시 수 시 지 의 대 의 재

「상전」에서 말했다. 연못兌, ☱ 가운데에 우레震, ☳가 있는 것이 수괘이니, 군자가 이것을 보고 어둠이 내리면 집안으로 들어가서 편안하게 쉰다.

象曰, 澤中有雷, 隨, 君子以, 嚮晦入宴息.
상 왈 택 중 유 뢰 수 군 자 이 향 회 입 연 식

초구효, 주관하여 지키던 것에 변화가 있으니 바르게 하면 길하고 문 밖으로 나가 사귀면 공이 있다.
「상전」에서 말했다. "주관하여 지키던 것에 변화가 있으니" 올바름을 따르면 길하고, "문 밖으로 나가 사귀면 공이 있다"라는 것은 과실이 없음이다.

初九, 官有渝, 貞, 吉, 出門交有功.
초구 관유투 정 길 출문교유공

象曰, "官有渝", 從正, 吉也, "出門交有功", 不失也.
상왈 관유투 종정 길야 출문교유공 불실야

육이효, 소인배초구에게 얽매이면 장부구오를 잃는다.

「상전」에서 말했다. "소인배에게 얽매이면" 두 가지를 겸하여 함께할 수 없다.

六二, 係小子, 失丈夫.
육이 계소자 실장부

象曰, "係小子", 弗兼與也.
상왈 계소자 불겸여야

육삼효, 장부구사를 따르고 소인배초구를 버리므로 따름에 구하는 것이 있어 얻으나 바르게 자신을 지키는 것이 이롭다.

「상전」에서 말했다. "장부를 따르는 것"은 뜻이 아래에 있는 초구를 버리는 것이다.

六三, 係丈夫, 失小子, 隨, 有求, 得, 利居貞.
육삼 계장부 실소자 수 유구 득 리거정

象曰, "係丈夫", 志舍下也.
상 왈 　계 장 부 　지 사 하 야

구사효, 민심이 따르는데 차지하려고 하면 올바르더라도 흉하다. 진실한 믿음이 있고 도리를 지키면서 명철하게 처신하면, 무슨 허물이 있겠는가!

「상전」에서 말했다. "민심이 따르는데 차지하려고 하는 것"은 그 의리상 흉하다. "진실한 믿음이 있고 도리를 지키는 것"은 명철하게 판단한 공이다.

九四, 隨有獲, 貞, 凶. 有孚, 在道, 以明, 何咎!
구 사 　수 유 획 　정 　흉 　유 부 　재 도 　이 명 　하 구

象曰, "隨有獲", 其義凶也. "有孚, 在道", 明功也.
상 왈 　수 유 획 　기 의 흉 야 　유 부 　재 도 　명 공 야

구오효, 아름다움을 깊이 믿으니 길하다.

「상전」에서 말했다. "아름다움을 깊이 믿으니 길한 것"은 지위가 올바름正과 중도中를 지키기 때문이다.

九五, 孚于嘉, 吉.
구 오 　부 우 가 　길

象曰, "孚于嘉, 吉", 位正中也.
상 왈 부 우 가 길 위 정 중 야

상육효, 붙잡아 묶어 놓고 또 이어서 민심이 따르는 것을 동여매니, 왕이 서산에서 형통할 수 있었다.*

「상전」에서 말했다. "붙잡아 묶어 놓는 것"은 따라 올라감이 궁극에 달한 것이다.

上六, 拘係之, 乃從維之, 王用亨于西山.
상 육 구 계 지 내 종 유 지 왕 용 형 우 서 산

象曰, "拘係之", 上窮也.
상 왈 구 계 지 상 궁 야

* 주나라 창업의 기반을 닦은 것은 문왕이다. 문왕의 할아버지 태왕 고공단보가 적(狄)의 침략을 피해 빈(豳)땅에서 기산(岐山)으로 피난했는데, 이때 백성들이 무리지어 태왕을 따라 이주해 왔던 것을 가리킨다.

18
문제를 해결함, 산풍 고
山風蠱

䷑

고괘蠱卦는 크게 좋고 형통하니 큰 강을 건너는 것이 이롭다. 일을 시작하기甲*에 앞서 3일을 생각하고, 일을 한 후에 3일을 신중해야 한다.

蠱, 元亨, 利涉大川, 先甲三日, 後甲三日.
고 원형 리섭대천 선갑삼일 후갑삼일

* 갑(甲)은 10개의 천간(天干) 중 첫번째 글자로 어떤 일을 시작하는 시점을 의미한다.

「단전」에서 말했다.

고는 굳센 양이 올라가고 부드러운 음이 내려오며*, 자신을 낮추면서 멈추는 것이니 '폐단을 다스림'蠱이다. "고괘는 크게 형통함"이라 세상이 다스려진다. "큰 강을 건너는 것이 이로움"은 나아가서 일을 도모하는 것이다. "일을 시작하기에 앞서 3일을 생각하고, 일을 한 후에 3일을 신중해야 함"은 끝마침이 있으면 시작이 있는 것이며 하늘의 운행이다.

彖曰, 蠱, 剛上而柔下, 巽而止, '蠱'. "蠱, 元亨",
단 왈 고 강 상 이 유 하 손 이 지 고 고 원 형

而天下治也. "利涉大川", 往有事也. "先甲三日,
이 천 하 치 야 리 섭 대 천 왕 유 사 야 선 갑 삼 일

後甲三日", 終則有始, 天行也.
후 갑 삼 일 종 즉 유 시 천 행 야

「상전」에서 말했다. 산艮, ☶ 아래에 바람巽, ☴이 있는 것이 고괘이니, 군자는 이것을 보고 백성에게 먹을 것을 나누어 주어 구제하고 자신의 덕을 기른다.

* 건괘(乾卦)의 초구(初九)가 올라가서 곤괘(坤卦)의 위에 자리하고 곤괘의 상육(上六)이 내려와서 건괘의 아래에 자리하는 것으로 보았다.

象曰, 山下有風, 蠱, 君子以, 振民育德.
상왈 산하유풍 고 군자이 진민육덕

초육효, 아버지가 벌인 일을 주관한다. 자식이 있어 아버지가 허물이 없게 되니, 위태롭게 여겨야 끝내 길하다.

「상전」에서 말했다. "아버지가 벌인 일을 주관함"은 그 뜻이 선친의 일을 계승하는 것이다.

初六, 幹父之蠱. 有子, 考无咎, 厲, 終吉.
초육 간부지고 유자 고무구 려 종길

象曰, "幹父之蠱", 意承考也.
상왈 간부지고 의승고야

구이효, 어머니가 벌인 일을 주관하니 지나치게 굳세게 밀어붙이면 안 된다.

「상전」에서 말했다. "어머니가 벌인 일을 주관함"은 중도를 얻은 것이다.

九二, 幹母之蠱, 不可貞.
구이 간모지고 불가정

象曰, "幹母之蠱", 得中道也.
상왈 간모지고 득중도야

구삼효, 아버지가 벌인 일을 주관하니 약간 후회가 있지만 큰 허물은 없다.

「상전」에서 말했다. "아버지가 벌인 일을 주관함"은 결국에는 허물이 없다.

九三, 幹父之蠱, 小有悔, 无大咎.
구삼 간부지고 소유회 무대구

象曰, "幹父之蠱", 終无咎也.
상왈 간부지고 종무구야

육사효, 아버지가 벌인 일을 느긋하게 처리하는 것이니 더 나아간다면 부끄러운 일을 당한다.

「상전」에서 말했다. "아버지가 벌인 일을 느긋하게 처리함"은 더 나아가면 결실을 얻지 못하는 것이다.

六四, 裕父之蠱, 往, 見吝.
육사 유부지고 왕 견린

象曰, "裕父之蠱", 往, 未得也.
상왈 유부지고 왕 미득야

육오효, 아버지가 벌인 일을 주관하니 명예를 얻는다.

「상전」에서 말했다. '아버지가 벌인 일을 주관하여 명예를 얻음'은 구이가 덕으로써 육오를 받들기 때문이다.

六五, 幹父之蠱, 用譽.
육오 간부지고 용예

象曰, '幹父, 用譽', 承以德也.
상왈 간부 용예 승이덕야

상구효, 왕과 제후를 섬기지 않고 자신이 해야 할 바를 높인다.

「상전」에서 말했다. "왕과 제후를 섬기지 않음"은 뜻이 본받을 만한 것이다.

上九, 不事王侯, 高尚其事.
상구 불사왕후 고상기사

象曰, "不事王侯", 志可則也.
상왈 불사왕후 지가칙야

19

가까이 다가감, 지택 림

地澤臨

䷒

림괘臨卦는 크게 형통하고 바르게 하면 이롭다. 여덟 달이 지나면* 흉함이 있다.

臨, 元亨, 利貞. 至于八月, 有凶.
림 원형 리정 지우팔월 유흉

* 지택 림괘(䷒)는 12월에 배속되는데, 지뢰 복괘(䷗)에서 생겨난 양(陽)이 기운 넘치게 자라나는 때이다. 지뢰 복괘(䷗, 11월)에서부터 8개월이 지나면 천산 둔괘(䷠, 6월)가 된다. 이때는 아래에서부터 음이 점차 자라나면서 양의 도가 소멸하기 때문에 흉하다고 했다.

「단전」에서 말했다.

림은 굳센 양陽이 점차로 자라나며 기뻐하고 순하다. 굳센 양陽, 구이이 중中의 자리에 있고 육오에 응하여 크게 형통하고 올바르니, 하늘의 도에 합치된다. "여덟 달이 지나면 흉함이 있음"은 양陽이 사라질 날이 머지않기 때문이다.

彖曰, 臨, 剛浸而長, 說而順. 剛中而應, 大亨以正,
단왈 림 강침이장 열이순 강중이응 대형이정

天之道也. "至于八月, 有凶", 消不久也.
천지도야 지우팔월 유흉 소불구야

「상전」에서 말했다. 연못兌, ☱ 위에 땅坤, ☷이 있는 것이 림괘이니, 군자는 이것을 보고 교화하려는 생각에 다함이 없고 백성을 포용하고 보호하려는 마음에 끝이 없다.

象曰, 澤上有地, 臨, 君子以, 教思无窮, 容保民,
상왈 택상유지 림 군자이 교사무궁 용보민

无疆.
무강

초구효, 육사와 감응하여 가까이 다가감이니, 바르게 하여 길하다.

「상전」에서 말했다. "육사와 감응하여 가까이 다가감이니, 바르게 하여 길함"은 뜻이 올바른 도를 행하려는 것이다.

初九, 咸臨, 貞, 吉.
초구 함림 정 길

象曰, "咸臨, 貞, 吉", 志行正也.
상왈 함림 정 길 지행정야

구이효, 육오와 감응하여 가까이 다가감이니, 길하여 이롭지 않음이 없다.

「상전」에서 말했다. "육오와 감응하여 가까이 다가감이니, 길하여 이롭지 않음이 없다"는 것은 단지 명을 따라 순종하는 것만이 아니다.

九二, 咸臨, 吉, 无不利.
구이 함림 길 무불리

象曰, "咸臨, 吉, 无不利", 未順命也.
상왈 함림 길 무불리 미순명야

육삼효, 기쁜 낯으로만 아랫사람에게 다가가니 이로운 것이 없으나, 이미 그것을 근심하고 있으므로 허물이 없다.

「상전」에서 말했다. "기쁜 낯으로만 아랫사람에게 다가가는 것"은 지위가 합당치 않기 때문이다. "이미 그것을 근심하고 있으므로" 허물이 오래가지 않는다.

六三, 甘臨, 无攸利, 旣憂之, 无咎.
육삼 감림 무유리 기우지 무구

象曰, "甘臨", 位不當也. "旣憂之", 咎不長也.
상왈 감림 위부당야 기우지 구부장야

육사효, 초구에 다가감이 지극하니 허물이 없다.

「상전」에서 말했다. "초구에 다가감이 지극하니 허물이 없음"은 지위가 합당하기 때문이다.

六四, 至臨, 无咎.
육사 지림 무구

象曰, "至臨, 无咎", 位當也.
상왈 지림 무구 위당야

육오효, 다가감이 지혜로운 것이니 위대한 군주가 마땅히 해야 할 일이라서 길하다.

「상전」에서 말했다. "위대한 군주가 마땅히 해야 할 일"은 중도를 행하는 것을 말한다.

六五, 知臨, 大君之宜, 吉.
육 오 지 림 대 군 지 의 길

象曰, "大君之宜", 行中之謂也.
상 왈 대 군 지 의 행 중 지 위 야

상육효, 다가감이 돈독하니 길하고 허물이 없다.

「상전」에서 말했다. 다가감이 돈독하여 길함은 뜻이 내괘內卦에 있는 양陽을 따름에 있기 때문이다.

上六, 敦臨, 吉, 无咎.
상 육 돈 림 길 무 구

象曰, 敦臨之吉, 志在內也.
상 왈 돈 림 지 길 지 재 내 야

20
보는 것과 보이는 것, 풍지 관
風地觀

䷓

관괘觀卦는 손을 씻고서 아직 제사음식을 올리지 않았을 때처럼 하면, 백성들이 진실한 믿음을 가지고 우러러 본다.

觀, 盥而不薦, 有孚, 顒若.
관 관이불천 유부 옹약

「단전」에서 말했다.

크게 보이는 것구오의 군주이 위에 있어 유순하면서 겸손하고, 중도中와 올바름正으로 천하에 보여 준다. "관괘는 손을 씻고서 아직 제사음식을 올리지 않았을 때처럼 하면, 백성들이 진실한 믿음을 가지고 우러러 봄"은 아랫사람들이 올려다

보고 교화되는 것이다. 하늘의 신묘한 도를 보면 사계절이 어긋나지 않는다. 성인이 이 신묘한 도로써 가르침을 베푸니* 천하 사람들이 복종한다.

象曰, 大觀在上, 順而巽, 中正以觀天下. "觀,
단왈 대관재상 순이손 중정이관천하 관

盥而不薦, 有孚, 顒若", 下觀而化也. 觀天之神道,
관이불천 유부 옹약 하관이화야 관천지신도

而四時不忒. 聖人以神道設教, 而天下服矣.
이사시불특 성인이신도설교 이천하복의

「상전」에서 말했다. 바람巽, ☴이 땅坤, ☷ 위로 부는 것이 관괘이니, 선왕이 이것을 보고 사방을 시찰하여 백성들을 살펴보고 가르침을 베푸셨다.

象曰, 風行地上, 觀, 先王以, 省方觀民, 設教.
상왈 풍행지상 관 선왕이 성방관민 설교

초육효, 어린아이가 보는 것이니 소인이라면 허물이 없지만 군자는 부끄러우리라.

* 敎은 政敎이며 設敎는 정치 제도와 시스템을 마련한다는 의미다.

「상전」에서 말했다. 초육효는 "어린아이가 보는 것"이니 소인의 도다.

初六, 童觀, 小人无咎, 君子吝.
초육 동관 소인무구 군자린

象曰, 初六 "童觀", 小人道也.
상왈 초육 동관 소인도야

육이효, 문틈으로 엿보는 것이라 여자의 올바름**이 이롭다.
「상전」에서 말했다. '문틈으로 엿보는 것이라, 여자의 올바름'은 장부에게는 부끄러울 만하다.

六二, 闚觀, 利女貞.
육이 규관 리여정

象曰, '闚觀, 女貞', 亦可醜也.
상왈 규관 여정 역가추야

육삼효, 내가 하는 행동을 보고 나아가거나 물러난다.
「상전」에서 말했다. "내가 하는 행동을 보고 나아가거나 물

** 여자의 올바름이란 순종하면서 중도와 올바름을 잃지 않는 것을 말한다.

러남"은 도를 잃지 않은 것이다.

六三, 觀我生, 進退.
육삼 관아생 진퇴

象曰, "觀我生, 進退", 未失道也.
상왈 관아생 진퇴 미실도야

육사효, 나라의 빛남구오의 빛나는 덕을 보는 것이니 왕에게 제대로 대접받는 신하가 되는 것이 이롭다.

「상전」에서 말했다. "나라의 빛남을 보는 것"은 제대로 대접받는 신하가 됨을 높이는 것이다.

六四, 觀國之光, 利用賓于王.
육사 관국지광 리용빈우왕

象曰, "觀國之光", 尙賓也.
상왈 관국지광 상빈야

구오효, 내가 하는 정치를 보아서 백성들이 군자답다면 허물이 없다.

「상전」에서 말했다. "내가 하는 정치를 봄"은 백성들을 살펴보는 것이다.

九五, 觀我生, 君子, 无咎.
구오 관아생 군자 무구

象曰, "觀我生", 觀民也.
상왈 관아생 관민야

상구효, 자신이 하는 덕행을 보았을 때 군자다우면 허물이 없다.

「상전」에서 말했다. "자신이 하는 덕행을 봄"은 뜻이 편안할 수 없는 것이다.*

上九, 觀其生, 君子, 无咎.
상구 관기생 군자 무구

象曰, "觀其生", 志未平也.
상왈 관기생 지미평야

* 뜻이 편안할 수 없음은 혹시 군자답지 못한 점이 있을까 염려하기 때문이다.

21
깨물어 합함, 화뢰 서합
火雷 噬嗑

䷔

서합괘噬嗑卦는 형통하니, 옥사獄事, 중대한 범죄를 다스림를 쓰는 것이 이롭다.

噬嗑, 亨, 利用獄.
서 합 형 리 용 옥

「단전」에서 말했다.

턱 사이에 사물이 있어서 '깨물어 합함'噬嗑이라고 했으니, 깨물어 합하면 해로움이 사라지기에 "형통함"이다. 굳센 양陽과 부드러운 음陰이 나누어지고 진동하며 밝으니 우레雷와 번개火가 합하여 빛난다. 육오가 중도中를 얻어 윗자리에 있으니, 비록 합당한 자리는 아니지만 "옥사를 쓰는 것이 이롭다" 하였다.

彖曰, 頤中有物, 曰 '噬嗑', 噬嗑而"亨". 剛柔分,
단왈 이중유물 왈 서합 서합이 형 강유분

動而明, 雷電, 合而章. 柔得中而上行, 雖不當位,
동이명 뇌전 합이장 유득중이상행 수부당위

"利用獄"也.
리용옥 야

「상전」에서 말했다. 우레震, ☳와 번개離, ☲가 서합괘이니, 선왕이 이것을 보고 형벌을 밝히고 법을 정비하셨다.

象曰, 雷電, 噬嗑, 先王以, 明罰勅法.
상왈 뇌전 서합 선왕이 명벌칙법

초구효, 차꼬를 채워 발을 상하게 하니, 허물이 없다.

「상전」에서 말했다. "차꼬를 채워 발을 상하게 함"은 가지 못하게 하는 것이다.

初九, 履校, 滅趾, 无咎.
초구 구교 멸지 무구

象曰, "履校, 滅趾", 不行也.
상왈 구교 멸지 불행야

육이효, 살점을 깨물어 코가 푹 들어가 없어질 정도이니, 허물이 없다.

「상전」에서 말했다. "살점을 깨물어 코가 푹 들어가 없어질 정도"인 것은 굳센 양초구을 올라타고 있기 때문이다.

六二, 噬膚, 滅鼻, 无咎.
육이 서부 멸비 무구

象曰, "噬膚, 滅鼻", 乘剛也.
상왈 서부 멸비 승강야

육삼효, 말린 고기를 씹다가 썩은 부분을 만났으니, 조금 부끄럽지만 허물은 없다.

「상전」에서 말했다. "썩은 부분을 만난 것"은 자리가 합당하지 않기 때문이다.

六三, 噬腊肉, 遇毒, 小吝, 无咎.
육삼 서석육 우독 소린 무구

象曰, "遇毒", 位不當也.
상왈 우독 위부당야

구사효, 뼈에 붙은 마른 고기를 깨물어 쇠화살金矢, 단호함과 강직함을 얻었으나, 어렵다고 생각하고 올바름을 굳게 지키면 이로우니 길하다.

「상전」에서 말했다. "어렵다고 생각하고 올바름을 굳게 지키면 이로우니 길함"은 그 도가 광대하지 못한 것이다.

九四, 噬乾胏, 得金矢, 利艱貞, 吉.
구사 서건자 득금시 리간정 길

象曰, "利艱貞, 吉", 未光也.
상왈 리간정 길 미광야

육오효, 말린 고기를 깨물어 황금黃金, 중도와 단호함을 얻으니, 올바름을 굳게 지키고 위태롭게 여기면 허물이 없다.

「상전」에서 말했다. "올바름을 굳게 지키고 위태롭게 여기면 허물이 없는 것"은 마땅함을 얻었기 때문이다.

六五, 噬乾肉, 得黃金, 貞厲, 无咎.
육오 서건육 득황금 정려 무구

象曰, "貞厲, 无咎", 得當也.
상왈 정려 무구 득당야

상구효, 차꼬를 목에 차서 귀가 없어졌으니, 흉하다.

「상전」에서 말했다. "차꼬를 목에 차서 귀가 없어진 것"은 제대로 듣지 못하기 때문이다.

上九, 何校滅耳, 凶.
상구 하교멸이 흉

象曰, "何校滅耳", 聽不明也.
상왈 하교멸이 총불명야

22
꾸미고 장식함, 산화 비
山火賁

䷕

비괘賁卦는 형통하니, 나아갈 바를 두는 것이 약간 이롭다.

賁, 亨, 小利有攸往.
비 형 소리유유왕

「단전」에서 말했다.

"비괘는 형통하다" 함은 부드러운 음陰이 육이六二의 자리로 와서 굳센 양陽을 꾸며 주므로(☰→☲) 형통하다고 하였다. 굳센 양이 나뉘어 상구上九의 자리로 올라가 부드러운 음陰을 꾸며 주므로(☷→☶) "나아갈 바를 두는 것이 약간 이롭다"고 했으니 천문天文, 하늘의 이치이다. 문명함에 머무르니 인문人文, 인간의 도리이다. 천문을 관찰하여 때가 변화하는 것을 살피며 인문을 관찰하여 천하를 교화시켜 이룬다.

彖曰, "賁, 亨", 柔來而文剛, 故亨. 分剛, 上而文柔,
단왈 비 형 유래이문강 고형 분강 상이문유

故"小利有攸往", 天文也. 文明以止, 人文也.
고 소리유유왕 천문야 문명이지 인문야

觀乎天文, 以察時變, 觀乎人文, 以化成天下.
관호천문 이찰시변 관호인문 이화성천하

「상전」에서 말했다. 산艮, ☶ 아래에 불離, ☲이 있는 것이 비괘이니, 군자는 이것을 보고 여러 정사를 밝히되, 함부로 옥사를 결단하지 않는다.

象曰, 山下有火, 賁, 君子以, 明庶政, 无敢折獄.
상왈 산하유화 비 군자이 명서정 무감절옥

초구효, 발을 꾸밈이니, 수레를 버리고 걷는다.

「상전」에서 말했다. "수레를 버리고 걷는 것"은 의리상 탈 수 없기 때문이다.

初九, 賁其趾, 舍車而徒.
초구 비기지 사거이도

象曰, "舍車而徒", 義弗乘也.
상 왈 사거이도 의불승야

육이효, 수염을 꾸민다.*

「상전」에서 말했다. "수염을 꾸밈"은 위에 있는 구삼과 함께 움직이는 것이다.

六二, 賁其須.
육이 비기수

象曰, "賁其須", 與上興也.
상 왈 비기수 여상흥야

구삼효, 꾸미는 것이 윤택하니, 오래도록 유지하고 올바르게 하면 길하다.

「상전」에서 말했다. 오래도록 유지하고 올바르게 하면 길함은 끝내 능멸하는 이가 없는 것이다.

* 수염이 턱을 따라 움직이는 것처럼 중정(中正)한 육이효가 구삼을 따라서 움직이니 "수염을 꾸민다"고 한 것이다.

九三, 賁如濡如, 永貞, 吉.
구삼 비여유여 영정 길

象曰, 永貞之吉, 終莫之陵也.
상왈 영정지길 종막지릉야

육사효, 꾸밈이 없어 흰 것이며 백마를 타고 나는 듯이 달려가니 도적자기 짝이 아닌 상대, 구삼이 아니면 혼인할 짝초구이다.

「상전」에서 말했다. 육사효는 구삼에 막혀 그 자리가 의심스러운 것이니 "도적이 아니면 혼인할 짝이다" 함은 결국에는 원망이 없는 것이다.

六四, 賁如皤如, 白馬翰如, 匪寇, 婚媾.
육사 비여파여 백마한여 비구 혼구

象曰, 六四, 當位疑也. "匪寇, 婚媾", 終无尤也.
상왈 육사 당위의야 비구 혼구 종무우야

육오효, 언덕 위의 사냥터상구에서 꾸미는 것이니, 묶은 비단을 재단하여 늘어놓은 듯이 하면* 부끄럽지만 결국에는 길

* 육오의 역량을 묶은 비단에 비유한 것으로 상구의 도움을 받아 역량을 펼치는 것을

하다.

「상전」에서 말했다. 육오효의 길함은 기쁨이 있는 것이다.

六五, 賁于丘園, 束帛, 戔戔, 吝, 終吉.
육오 비우구원 속백 전전 린 종길

象曰, 六五之吉, 有喜也.
상왈 육오지길 유희야

상구효, 꾸미는 것을 소박하게 해야 허물이 없다.

「상전」에서 말했다. "꾸미는 것을 소박하게 해야 허물이 없음"은 윗자리에 있으면서 뜻을 얻은 것이다.

上九, 白賁, 无咎.
상구 백비 무구

象曰, "白賁, 无咎", 上得志也.
상왈 백비 무구 상득지야

"전전"(戔戔, 용도별로 마름질해서 늘어놓는 것)이라고 표현했다.

23
양陽의 깎임, 산지 박
山地剝

박괘剝卦는 가는 바를 두는 것이 이롭지 않다.

剝, 不利有攸往.
박 불리유유왕

「단전」에서 말했다.

박이란 깎아 내는 것이니, 부드러운 음陰이 굳센 양陽을 변화시킨다. "가는 바를 두는 것이 이롭지 않음"은 소인의 세력이 자라나기 때문이다. 때에 따라서 적절하게 멈추는 것은 박괘의 상을 관찰했기 때문이다. 군자가 줄어듦과 자라남, 가득 찬 것과 텅 빈 것을 중시하는 것은 하늘의 운행이기 때문이다.

彖曰, 剝, 剝也, 柔變剛也. "不利有攸往",
단왈 박 박야 유변강야 불리유유왕

小人長也. 順而止之, 觀象也. 君子尙消息盈虛,
소인장야 순이지지 관상야 군자상소식영허

天行也.
천행야

「상전」에서 말했다. 산艮, ☶이 땅坤, ☷에 붙어 있는 것이 박괘이니, 윗사람은 이것을 보고 아래를 두텁게 하여 백성들의 삶을 안정시킨다.

象曰, 山附於地, 剝, 上以, 厚下安宅.
상왈 산부어지 박 상이 후하안택

초육효, 깎기를 침상 다리에서부터 하니, 올바름을 없애서 흉하다.

「상전」에서 말했다. "깎기를 침상 다리에서부터 함"은 아래로부터 양을 없애는 것이다.

初六, 剝牀以足, 蔑貞, 凶.
초육 박상이족 멸정 흉

象曰, “剝牀以足”, 以滅下也.
상 왈 박 상 이 족 이 멸 하 야

육이효, 침상을 깎아 상판에 이르니, 올바름을 없애서 흉하다.

「상전」에서 말했다. “침상을 깎아 상판에 이른 것”은 함께하는 사람이 없기 때문이다.

六二, 剝牀以辨, 蔑貞, 凶.
육 이 박 상 이 변 멸 정 흉

象曰, “剝牀以辨”, 未有與也.
상 왈 박 상 이 변 미 유 여 야

육삼효, 박剝의 시대에 허물이 없다.

「상전」에서 말했다. “박의 시대에 허물이 없는 것”은 위아래의 음들을 떠나 상구에게 가기 때문이다.

六三, 剝之无咎.
육 삼 박 지 무 구

象曰, “剝之无咎”, 失上下也.
상 왈 박 지 무 구 실 상 하 야

육사효, 침상을 깎아 피부에까지 미치니 흉하다.

「상전」에서 말했다. "침상을 깎아 피부에까지 미침"은 재앙이 매우 가까이 이른 것이다.

六四, 剝牀以膚, 凶.
육사 박상이부 흉

象曰, "剝牀以膚", 切近災也.
상왈 박상이부 절근재야

육오효, 물고기여러 음(陰)를 꿰어서 상구에게 궁인이 총애 받듯이 하면 이롭지 않음이 없다.

「상전」에서 말했다. "궁인이 총애 받듯이 함"은 결과적으로 허물이 없는 것이다.

六五, 貫魚, 以宮人寵, 无不利.
육오 관어 이궁인총 무불리

象曰, "以宮人寵", 終無尤也.
상왈 이궁인총 종무우야

상구효, 큰 과실은 먹히지 않음이니, 군자는 수레를 얻고 소인은 초가지붕을 벗겨 낸다.

「상전」에서 말했다. “군자가 수레를 얻음”은 백성들이 받들어 모시는 것이고, “소인이 초가지붕을 벗겨 냄”은 끝내 쓸 수 없는 것이다.

上九, 碩果不食, 君子得輿, 小人剝廬.
상구 석과불식 군자득여 소인박려

象曰, “君子得輿”, 民所載也, “小人剝廬”, 終不可用也.
상왈 군자득여 민소재야 소인박려 종불가용야

24
일양一陽이 돌아옴, 지뢰 복
地雷復

䷗

복괘復卦는 형통하다. 나가고 들어오는 데에 문제가 없으며 벗들이 와야 허물이 없다. 그 도가 반복되어 7일 만에 와서 회복하니*, 나아갈 바를 두는 것이 이롭다.

復, 亨. 出入无疾, 朋來无咎. 反復其道, 七日來復,
복 형 출입무질 붕래무구 반복기도 칠일래복

利有攸往.
리유유왕

* 5월 하지(夏至)에는 음(陰) 하나가 처음 생겨 양(陽)을 사라지게 만드는 구괘(姤卦, ䷫)가 배속된다. 이후 음이 점점 자라나서 6월 둔괘(遯卦), 7월 비괘(否卦), 8월 관괘(觀卦), 9월 박괘(剝卦)를 거쳐 10월은 순음인 곤괘(坤卦)가 배속된다. 11월 동지(冬至)에는 다시 양 하나가 생겨나 음을 사라지게 만드는 복괘(復卦)가 배속되는데, 이것을 "7일 만에 돌아와서 회복된다"고 한 것이다.

「단전」에서 말했다.

"복괘는 형통한 것"은 굳센 양陽이 돌아오기 때문이다. 움직여서 이치에 따라 행하니 이 때문에 "나가고 들어오는 데에 문제가 없으며 벗들이 와야 허물이 없는 것"이다. "그 도가 반복되어 7일 만에 와서 회복하는 것"은 하늘의 운행이고, "나아갈 바를 두는 것이 이로움"은 양이 자라나기 때문이니, 복괘에서 천지의 마음을 볼 수 있구나!

彖曰, "復, 亨", 剛反. 動而以順行, 是以 "出入无疾,
단 왈 복 형 강 반 동 이 이 순 행 시 이 출 입 무 질

朋來无咎". "反復其道, 七日來復", 天行也.
붕 래 무 구 반 복 기 도 칠 일 래 복 천 행 야

"利有攸往", 剛長也. 復, 其見天地之心乎!
리 유 유 왕 강 장 야 복 기 견 천 지 지 심 호

「상전」에서 말했다. 우레震, ☳가 땅坤, ☷ 속에 있는 것이 복괘이니, 선왕은 이것을 보고 동짓날 관문을 폐쇄하여 상인과 여행자들이 다니지 못하게 했으며 후대의 왕은 사방을 시찰하지 않았다.

象曰, 雷在地中, 復, 先王以, 至日閉關, 商旅不行,
상 왈 뇌 재 지 중 복 선 왕 이 지 일 폐 관 상 려 불 행

后, 不省方.
후 불성방

초구효, 멀리 가지 않고 돌아오는 것이니, 후회에 이르지 않아서 크게 좋고 길하다.

「상전」에서 말했다. 멀리 가지 않고 돌아옴은 자신을 수양하는 것이다.

初九, 不遠復, 无祇悔, 元吉.
초구 불원복 무지회 원길

象曰, 不遠之復, 以脩身也.
상왈 불원지복 이수신야

육이효, 아름답게 돌아옴이니, 길하다.

「상전」에서 말했다. 아름답게 돌아옴이 길함은 어진 사람초구에게 자신을 낮추기 때문이다.

六二, 休復, 吉.
육이 휴복 길

象曰, 休復之吉, 以下仁也.
상왈 휴복지길 이하인야

육삼효, 자주 돌아옴이니, 위태로우나 허물이 없으리라.

「상전」에서 말했다. 자주 돌아와서 위태로움은 의리상 허물이 없다.

六三, 頻復, 厲, 无咎.
육삼 빈복 려 무구

象曰, 頻復之厲, 義无咎也.
상왈 빈복지려 의무구야

육사효, 중도를 행하여서 홀로 돌아온다.

「상전」에서 말했다. "중도를 행하여서 홀로 돌아옴"은 도를 따르기 때문이다.

六四, 中行, 獨復.
육사 중행 독복

象曰, "中行, 獨復", 以從道也.
상왈 중행 독복 이종도야

육오효, 돈독하게 돌아옴이니 후회가 없다.

「상전」에서 말했다. "돈독하게 돌아옴이니 후회가 없는 것"은 중도를 지키며 스스로 이룬 것이다.

六五, 敦復, 无悔.
육오 돈복 무회

象曰, "敦復, 无悔", 中以自考也.
상왈 돈복 무회 중이자고야

상육효, 돌아가는데 길을 잃음이라 흉하고 하늘이 내린 재앙과 스스로 불러들인 화가 있다. 군사를 동원하는 데 쓰면 결국에는 크게 패하고 나라를 다스리는 데 쓰면 군주가 흉하게 되어 10년이 되도록 나아갈 수가 없다.

「상전」에서 말했다. 돌아가는데 길을 잃어 흉함은 군주의 도에 어긋나기 때문이다.

上六, 迷復, 凶, 有災眚. 用行師, 終有大敗,
상육 미복 흉 유재생 용행사 종유대패

以其國, 君凶, 至于十年, 不克征.
이기국 군흉 지우십년 불극정

象曰, 迷復之凶, 反君道也.
상왈 미복지흉 반군도야

25
진실하여 망령되지 않음, 천뢰 무망
天雷 无妄

䷘

무망괘无妄卦는 크게 형통하고 바르게 함이 이로우니, 그 올바름이 아니면 화를 자초하고, 가는 바를 두면 이롭지 않다.

无妄, 元亨, 利貞, 其匪正, 有眚, 不利有攸往.
무망 원형 리정 기비정 유생 불리유유왕

「단전」에서 말했다.

무망은 굳센 양陽인 초구가 밖으로부터 와서 내괘에서 주관자가 되었다.* 움직이면서 굳세고 구오가 굳센 양이면서 중中의 자리에 있고 육이와 응하여 크게 형통하여 바르니, 하늘이 명한 것이다. "올바름이 아니면 화를 자초하고, 가는 바를 두면 이롭지 않다"고 했으니, 무망无妄, 망령되지 않음에서 벗어나면 어디로 가겠는가? 천명이 돕지 않는데 행해질 수 있겠는가!

彖曰, 无妄, 剛自外來而爲主於內. 動而健,
단왈 무망 강자외래이위주어내 동이건

剛中而應, 大亨以正, 天之命也. "其匪正,
강중이응 대형이정 천지명야 기비정

有眚, 不利有攸往", 无妄之往, 何之矣? 天命不祐,
유생 불리유유왕 무망지왕 하지의 천명불우

行矣哉!
행의재

「상전」에서 말했다. 하늘乾, ☰ 아래 우레震, ☳가 쳐서 만물에 '망령되지 않음'无妄을 부여하니, 선왕이 이것을 보고 하늘의 때에 성대하게 잘 맞추어서 만물을 양육한다.

象曰, 天下雷行, 物與无妄, 先王以, 茂對時,
상왈 천하뢰행 물여무망 선왕이 무대시

育萬物.
육만물

* 소성괘 진괘(震, ☳)는 곤괘(坤, ☷)의 초효가 변한 것인데, 양효가 외부로부터 들어온 것으로 본다. '안에서 주관자가 되었다'는 것은 진괘(震, ☳)가 아래에 있는 내괘로 유일한 양효인 초구효가 있기 때문에 우레(雷)가 되고 그 성정이 움직임(動)이 된다는 의미다.

초구효, 망령되지 않음이니, 그대로 나아가면 길하다.

「상전」에서 말했다. 망령되지 않음으로 가는 것은 뜻을 얻음이다.

初九, 无妄, 往吉.
초구 무망 왕길

象曰, 无妄之往, 得志也.
상왈 무망지왕 득지야

육이효, 밭을 갈지 않고서 수확하며 1년 된 밭을 만들지 않고서 3년 된 밭이 되니*, 나아갈 바를 두는 것이 이롭다.

「상전」에서 말했다. "밭을 갈지 않고서 수확하는 것"은 재물을 탐하는 것이 아니다.

六二, 不耕, 穫, 不菑, 畬, 則利有攸往.
육이 불경 확 불치 여 즉리유유왕

象曰, "不耕, 穫", 未富也.
상왈 불경 확 미부야

* 사람이 재물을 탐하여 일을 도모하지 않아서 모든 일이 이치대로 풀려 나가 이롭게 된다는 것을 이렇게 표현했다.

육삼효, 망령되지 않음의 재앙이다. 혹 소를 매어 놓았더라도 길 가던 이가 얻으니 마을 사람들에게는 재앙이 된다.

「상전」에서 말했다. 길 가던 이가 소를 얻는 것은 마을 사람들의 재앙이다.

六三, 无妄之災, 或繫之牛, 行人之得, 邑人之災.
육삼 무망지재 혹계지우 행인지득 읍인지재

象曰, 行人得牛, 邑人災也.
상왈 행인득우 읍인재야

구사효, 올바름을 지킬 수 있으니, 허물이 없다.

「상전」에서 말했다. "올바름을 지킬 수 있으니 허물이 없음"은 굳게 지키고 있기 때문이다.

九四, 可貞, 无咎.
구사 가정 무구

象曰, "可貞, 无咎", 固有之也.
상왈 가정 무구 고유지야

구오효, 망령되지 않은데 아픔이 생긴 것이니 약을 쓰지 않더라도 기쁜 일이 있다.

「상전」에서 말했다. 망령되지 않음에 약을 쓰는 것은 하지 말아야 한다.

九五, 无妄之疾, 勿藥, 有喜.
구오 무망지질 물약 유희

象曰, 无妄之藥, 不可試也.
상왈 무망지약 불가시야

상구효, 망령되지 않음에서 움직여 나아가면 화를 자초하고 이로울 바가 없다.

「상전」에서 말했다. 망령되지 않음에서 움직여 나아감은 극에 달하여 재앙이 되는 것이다.

上九, 无妄, 行, 有眚, 无攸利.
상구 무망 행 유생 무유리

象曰, 无妄之行, 窮之災也.
상왈 무망지행 궁지재야

26
양陽이 저지하여 크게 축적함, 산천 대축
山天 大畜

䷙

대축괘大畜卦는 바르게 하는 것이 이로우니 집에서 밥을 먹지 않으면 길하고 큰 강을 건너는 것이 이롭다.

大畜, 利貞, 不家食, 吉, 利涉大川.
대축 리정 불가식 길 리섭대천

「단전」에서 말했다.

대축은 강건하고 독실하고 빛이 나서, 나날이 그 덕을 새롭게 한다. 굳센 양陽, 상구이 윗자리에 있어 육오가 현능한 상구를 높이고 간괘☶, 止가 건괘☰, 健 위에 있어 강건함을 저지할 수 있으니 크게 바른 것이다. "집에서 밥을 먹지 않으면 길함"은 군주가 인재를 기르는 것이요, "큰 강을 건너는 것이 이로움"은 하늘에 순응하는 것이다.

彖曰, 大畜, 剛健, 篤實, 輝光, 日新其德.
단왈 대축 강건 독실 휘광 일신기덕

剛上而尙賢, 能止健, 大正也. "不家食, 吉",
강상이상현 능지건 대정야 불가식 길

養賢也, "利涉大川", 應乎天也.
양현야 리섭대천 응호천야

「상전」에서 말했다. 하늘乾, ☰이 산艮, ☶ 가운데에 있는 것이 대축괘이니, 군자는 이것을 보고 앞선 성현들의 말과 행동을 많이 알고서 그 덕을 축적한다.

象曰, 天在山中, 大畜, 君子以, 多識前言往行,
상왈 천재산중 대축 군자이 다식전언왕행

以畜其德.
이축기덕

초구효, 위태로움이 있으니 멈추는 것이 이롭다.

「상전」에서 말했다. "위태로움이 있으니 멈추는 것이 이로움"은 재앙을 범하지 않는 것이다.

初九, 有厲, 利已.
초구 유려 리이

象曰, "有厲, 利已", 不犯災也.
상왈 유려 리이 불범재야

구이효, 수레에서 바퀴통이 빠졌다.

「상전」에서 말했다. "수레에서 바퀴통이 빠졌다"는 것은 중도를 얻어서 허물이 없는 것이다.

九二, 輿說輹.
구이 여탈복

象曰, "輿說輹", 中, 无尤也.
상왈 여탈복 중 무우야

구삼효, 좋은 말이 달려가는 것이니 어렵게 여기고 올바름을 굳게 지키는 것이 이롭다. 날마다 수레 모는 것과 자기를 지키는 것을 연습하면 가는 바를 두는 것이 이롭다.

「상전」에서 말했다. "가는 바를 두는 것이 이로움"은 위에 있는 상구와 뜻을 같이 하기 때문이다.

九三, 良馬逐, 利艱貞. 日閑輿衛, 利有攸往.
구삼 양마축 리간정 일한여위 리유유왕

象曰, "利有攸往", 上合志也.
상왈 리유유왕 상합지야

육사효, 어린 송아지초구에게 뿔막이 나무를 대 놓은 것이니, 크게 좋고 길하다.

「상전」에서 말했다. 육사효의 "크게 좋고 길함"은 기쁜 일이 있는 것이다.

六四, 童牛之牿, 元吉.
육사 동우지곡 원길

象曰, 六四 "元吉", 有喜也.
상왈 육사 원길 유희야

육오효, 거세한 멧돼지가 어금니를 쓰지 못함이니, 길하다.

「상전」에서 말했다. 육오효가 길함은 경사가 있는 것이다.

六五, 豶豕之牙, 吉.
육오 분시지아 길

象曰, 六五之吉, 有慶也.
상왈 육오지길 유경야

상구효, 하늘의 큰 길이니 형통하다.

「상전」에서 말했다. 어찌 "하늘의 큰 길"이라 하는가? 하늘의 길이 크게 통하여 갈 수 있기 때문이다.

上九, 何*天之衢, 亨.
상구 하천지구 형

象曰, 何"天之衢", 道大行也.
상왈 하천지구 도대행야

* 상구 효사의 '何'는 아래 소상전에 있는 '何'가 이곳에 잘못 들어간 것으로 보아 해석하지 않는다.

27
만물을 길러 냄, 산뢰 이
山雷頤

䷚

이괘頤卦는 바르게 행하면 길하니 길러 냄과 스스로 먹을 것을 구하는 방법을 살펴보아야 한다.

頤, 貞, 吉, 觀頤, 自求口實.
이 정 길 관이 자구구실

「단전」에서 말했다.
"이괘는 바르게 행하면 길함"은 길러 내기를 바르게 하면 길한 것이다. "길러 냄을 살펴보아야 함"은 길러 내는 사람과 길러 냄의 도를 관찰하라는 말이다. "스스로 먹을 것을 구함"은 스스로를 길러 낼 방도를 관찰하는 것이다. 천지가 만물을 기르면 성인聖人은 현자를 길러 천하의 백성에게 영향을 미치니, 길러냄頤의 때가 크구나!

彖曰, "頤, 貞, 吉", 養正則吉也. "觀頤",
단 왈 이 정 길 양정즉길야 관이

觀其所養也. "自求口實", 觀其自養也. 天地養萬物,
관기소양야 자구구실 관기자양야 천지양만물

聖人養賢 以及萬民, 頤之時大矣哉!
성인양현 이급만민 이지시대의재

「상전」에서 말했다. 산艮, ☶ 아래에 우레震, ☳가 있는 것이 이 괘이니, 군자는 이것을 보고 신중하게 말천하의 정치을 하고 음식천하의 경제을 조절한다.

象曰, 山下有雷, 頤, 君子以, 愼言語, 節飮食.
상왈 산하유뢰 이 군자이 신언어 절음식

초구효, 너초구 자신의 신령스런 거북이대단한 잠재력를 버리고 나육사를 보고 턱을 늘어뜨리니 흉하다.
「상전」에서 말했다. "나를 보고 턱을 늘어뜨림"은 귀하게 여길 만하지 못하다.

初九, 舍爾靈龜, 觀我, 朶頤, 凶.
초구 사이영귀 관아 타이 흉

象曰, "觀我, 朶頤", 亦不足貴也.
상왈 관아 타이 역부족귀야

육이효, 거꾸로 초구효가 길러 주기를 기다리니 이치에 어긋난다. 언덕상구에게 길러 달라고 하면서 나아가면 흉하다.
「상전」에서 말했다. 육이효가 "나아가면 흉하다"는 것은 나아가면 동류를 잃기 때문이다.

六二, 顚頤, 拂經. 于丘, 頤, 征, 凶.
육이 전이 불경 우구 이 정 흉

象曰, 六二 "征, 凶", 行失類也.
상왈 육이 정 흉 행실류야

육삼효, 길러 주는 바른 도리에 어긋나 흉하니 10년 동안 쓰지 마라. 이로울 바가 없다.
「상전」에서 말했다. "10년 동안 쓰지 마라" 함은 도가 크게 어그러졌기 때문이다.

六三, 拂頤貞, 凶, 十年勿用. 无攸利.
육삼 불이정 흉 십년물용 무유리

象曰, "十年勿用", 道大悖也.
상왈 십년물용 도대패야

육사효, 거꾸로 초구효가 길러 주기를 구하지만 길하니 호랑이가 상대를 노려보듯이 하고 하고자 하는 것을 계속 이어 나가면 허물이 없다.

「상전」에서 말했다. 거꾸로 길러 주기를 구하지만 길한 것은 윗자리에서 천하에 베풀어 주는 것이 빛나기 때문이다.

六四, 顚頤, 吉, 虎視眈眈, 其欲逐逐, 无咎.
육사 전이 길 호시탐탐 기욕축축 무구

象曰, 顚頤之吉, 上施光也.
상왈 전이지길 상시광야

육오효, 상구의 덕을 보려 하니 이치에 어긋나지만 올바름을 굳게 지키면 길하다. 하지만 큰 강을 건널 수는 없다.

「상전」에서 말했다. 올바름을 굳게 지키면 길한 것은 순종하여 상구효를 따르기 때문이다.

六五, 拂經, 居貞, 吉, 不可涉大川.
육오 불경 거정 길 불가섭대천

象曰, 居貞之吉, 順以從上也.
상왈 거정지길 순이종상야

상구효, 자신으로 말미암아 길러지니 위태롭게 여기면 길하다. 큰 강을 건너는 것이 이롭다.

「상전」에서 말했다. "자신으로 말미암아 길러지니 위태롭게 여기면 길함"은 크게 복이 있는 것이다.

上九, 由頤, 厲, 吉. 利涉大川.
상구 유이 려 길 리섭대천

象曰, "由頤, 厲, 吉", 大有慶也.
상왈 유이 려 길 대유경야

28
큰일이 과도함, 택풍 대과
澤風 大過

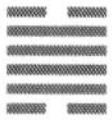

대과괘大過卦는 들보기둥이 휘어지는 것이니 나아갈 바를 두는 것이 이롭고 형통하다.

大過, 棟, 橈, 利有攸往, 亨.
대과 동 요 리유유왕 형

「단전」에서 말했다.

대과는 큰 것陽이 과한 것이다. "들보기둥이 휘어지는 것"은 밑둥초육과 끝상육이 음陰이라서 약하기 때문이다. 굳센 양陽이 과도하지만 구이와 구오가 중도를 이루었고 공손하면서 기쁘게 행하므로 나아가는 바가 있는 것이 이롭고 이에 형통하다. 대과의 때가 위대하도다!

彖曰, 大過, 大者過也. "棟, 橈", 本末弱也.
단왈 대과 대자과야 동 요 본말약야

剛過而中, 巽而說行, 利有攸往, 乃亨. 大過之時,
강과이중 손이열행 리유유왕 내형 대과지시

大矣哉!
대의재

「상전」에서 말했다. 연못兌, ☱이 나무巽, ☴를 잠기게 하는 것이 대과괘이니, 군자는 이것을 보고 세상에서 홀로 서 있어도 두려워하지 않고 세상을 피하여 은둔해서도 근심하지 않는다.

象曰, 澤滅木, 大過, 君子以, 獨立不懼, 遯世无悶.
상왈 택멸목 대과 군자이 독립불구 둔세무민

초육효, 흰 띠풀을 써서 소박하지만 정성스럽게 자리를 깔았으니 허물이 없다.

「상전」에서 말했다. "흰 띠풀을 써서 자리를 깐 것"은 부드러운 음陰이 아랫자리에 있기 때문이다.

初六, 藉用白茅, 无咎.
초육 자용백모 무구

象曰, "藉用白茅", 柔在下也.
상왈 자용백모 유재하야

구이효, 마른 버드나무에 뿌리가 움터 나온다. 늙은 사내구이가 젊은 아내초육를 얻는 것이니 이롭지 않음이 없다.

「상전」에서 말했다. '늙은 사내와 젊은 아내'는 과도함으로써 서로 함께하는 것이다.

九二, 枯楊生稊. 老夫得其女妻, 无不利.
구이 고양생제 노부득기녀처 무불리

象曰, '老夫女妻', 過以相與也.
상왈 노부녀처 과이상여야

구삼효, 들보기둥이 휘어지는 것이니 흉하다.

「상전」에서 말했다. 들보기둥이 휘어져서 흉함은 도움을 줄 이가 있을 리 없기 때문이다.

九三, 棟橈, 凶.
구삼 동요 흉

象曰, 棟橈之凶, 不可以有輔也.
상 왈 동요지흉 불가이유보야

구사효, 들보기둥이 솟아올라 길하지만 정응인 초육에게 얽매여 다른 마음을 가지면 부끄러울 것이다.

「상전」에서 말했다. 들보기둥이 솟아올라 길함은 아래로 초육에게 휘어지지 않기 때문이다.

九四, 棟隆, 吉, 有它, 吝.
구사 동륭 길 유타 린

象曰, 棟隆之吉, 不橈乎下也.
상 왈 동륭지길 불요호하야

구오효, 마른 버드나무에 꽃이 핀다. 늙은 부인[상육]이 젊은 사내[구오]를 얻는 것이니 허물은 없지만 영예도 없다.

「상전」에서 말했다. "마른 버드나무에 꽃이 핌"이니 이것이 어찌 오래 지속되겠는가? 늙은 부인이 젊은 사내를 얻음은 또한 추하게 여길 만하다.

九五, 枯楊生華. 老婦得其士夫, 无咎, 无譽.
구오 고양생화 노부득기사부 무구 무예

象曰, "枯楊生華", 何可久也? 老婦士夫, 亦可醜也.
상왈 고양생화 하가구야 노부사부 역가추야

상육효, 지나치게 무리해서 강을 건너다가 정수리가 잠겼으니 흉하며 원망할 데가 없다.

「상전」에서 말했다. 지나치게 무리해서 강을 건너 흉함이니 원망할 수 없는 것이다.

上六, 過涉滅頂, 凶, 无咎.
상육 과섭멸정 흉 무구

象曰, 過涉之凶, 不可咎也.
상왈 과섭지흉 불가구야

29
연이은 물구덩이와 위험, 중수 감
重水坎

䷜

습감괘習坎卦*는 진실한 믿음이 있어서 오직 마음으로 형통하니 움직여 나아가면 가상하다.

習坎, 有孚, 維心亨, 行, 有尙.
습감 유부 유심형 행 유상

「단전」에서 말했다.

습감은 험함이 거듭되는 것이니, 물이 흘러오지만 가득 차지 않았고 위험 속에서 행하지만 그 믿음을 잃지 않는다.

* 습감 : '감(坎)이 거듭된다'는 의미로 팔괘 중 감괘가 거듭된다는 뜻이다.

"오직 마음으로 형통하다"는 것은 굳센 양陽, 구이와 구오이 중도中를 이루었기 때문이다. "움직여 나아가면 가상하다"는 것은 나아가면 공이 있는 것이다. 하늘의 험함은 오를 수 없는 것이요, 땅의 험함은 산천과 구릉이다. 군주가 험한 지형지물을 설치하여 나라를 지키니 험함坎의 때와 그 쓰임이 위대하구나!

彖曰, 習坎, 重險也, 水流而不盈, 行險而不失其信.
단왈 습감 중험야 수류이불영 행험이불실기신
"維心亨", 乃以剛中也. "行, 有尙", 往有功也. 天險,
유심형 내이강중야 행 유상 왕유공야 천험
不可升也, 地險, 山川丘陵也. 王公設險以守其國,
불가승야 지험 산천구릉야 왕공설험이수기국
險之時用, 大矣哉!
험지시용 대의재

「상전」에서 말했다. 물坎, ☵이 거듭해서 이르는 것이 습감괘이니, 군자는 이것을 보고 덕행을 꾸준히 지속하고 가르치는 일정치와 교화을 반복한다.

象曰, 水洊至習坎, 君子以, 常德行, 習敎事.
상왈 수천지습감 군자이 상덕행 습교사

초육효, 거듭된 구덩이에서 구덩이의 구멍으로 들어감이니 흉하다.
「상전」에서 말했다. '거듭된 구덩이에서 구덩이의 구멍으로 들어감'은 도를 잃은 것이니 흉하다.

初六, 習坎, 入于坎窞, 凶.
초육 습감 입우감담 흉

象曰, '習坎, 入坎', 失道, 凶也.
상왈 습감 입감 실도 흉야

구이효, 구덩이에 위험이 있지만 구하는 것을 조금 얻는다.
「상전」에서 말했다. "구하는 것을 조금 얻음"은 아직 험함 가운데서 나오지 못했기 때문이다.

九二, 坎有險, 求小得.
구이 감유험 구소득

象曰, "求小得", 未出中也.
상왈 구소득 미출중야

육삼효, 오고 가는데 구덩이에 빠지는 것이며 험한 곳을 베고 누워 구덩이의 구멍으로 들어가는 것이니 쓰지 마라.

「상전」에서 말했다. "오고 가는데 구덩이에 빠짐"은 끝내 공이 없는 것이다.

六三, 來之坎坎, 險且枕, 入于坎窞, 勿用.
육삼 래지감감 험차침 입우감담 물용

象曰, "來之坎坎", 終无功也.
상왈 래지감감 종무공야

육사효, 한 동이 술과 두 그릇의 음식을 질그릇으로 쓰고, 맺음을 들이되* 들창군주의 마음이 열린 곳으로부터 하면 마침내 허물이 없다.

「상전」에서 말했다. "한 동이 술과 두 그릇의 음식"은 굳센 양陽, 구오과 부드러운 음陰, 육사이 교제하기 때문이다.

六四, 樽酒, 簋貳, 用缶, 納約自牖, 終无咎.
육사 준주 궤이 용부 납약자유 종무구

象曰, "樽酒, 簋貳", 剛柔際也.
상왈 준주 궤이 강유제야

* "맺음을 들이되"는 '군주와 신뢰 관계를 맺어나가는 것'을 말한다.

구오효, 구덩이를 채우지 못하고 있지만 평평한 데에 이르게 되면 허물이 없다.

「상전」에서 말했다. "구덩이를 채우지 못하고 있음"은 구오의 중도가 아직 크게 빛나지 못한 것이다.

九五, 坎不盈, 祗旣平, 无咎.
구오 감불영 지기평 무구

象曰, "坎不盈", 中, 未大也.
상왈 감불영 중 미대야

상육효, 동아줄로 묶고 가시덤불에 가둬 두어서 3년이 지나도 벗어나지 못하니 흉하다.

「상전」에서 말했다. 상육이 도를 잃으면 그 흉함이 3년에 이른다.

上六, 係用徽纆, 寘于叢棘, 三歲不得, 凶.
상육 계용휘묵 치우총극 삼세부득 흉

象曰, 上六失道, 凶三歲也.
상왈 상육실도 흉삼세야

30
거듭된 밝음과 붙어 의지함, 중화 리
重火 離

리괘離卦는 바르게 함이 이롭고 형통하니 암소*를 기르듯이 하면 길하다.

離, 利貞, 亨, 畜牝牛吉.
리 리정 형 휵빈우길

「단전」에서 말했다.

리는 걸려 있음이다. 해와 달이 하늘에 걸려 있고 오곡과 초

* 암소 : 소는 유순함을 뜻하는데 암소이므로 유순함이 지극한 것이다. 정도(正道)를 따르는 것을 암소처럼 한다면 길하다.

목이 땅에 붙어 있다. 거듭된 밝음으로 올바름에 의지해서 천하를 교화하여 완성한다. 부드러운 음陰, 육이와 육오이 중도中와 올바름正에 붙어 의지하므로 형통하다. 그런 까닭에 "암소를 기르듯이 하면 길한 것"이다.

彖曰, 離, 麗也. 日月麗乎天, 百穀草木麗乎土.
단왈 리 리야 일월리호천 백곡초목리호토

重明以麗乎正, 乃化成天下. 柔麗乎中正, 故"亨".
중명이리호정 내화성천하 유리호중정 고 형

是以"畜牝牛吉"也.
시이 휵빈우길 야

「상전」에서 말했다. 밝음離, ☲이 둘이라 리괘가 되었으니, 대인은 이를 보고 밝음을 계승하여 천하 사방을 고루 비춘다.

象曰, 明兩, 作離, 大人以, 繼明, 照于四方.
상왈 명량 작리 대인이 계명 조우사방

초구효, 발자국이 어지러우니 신중하면 허물이 없으리라.

「상전」에서 말했다. 발자국이 어지러울 때의 신중함은 허물을 피하라는 것이다.

初九, 履錯然, 敬之, 无咎.
초구 리착연 경지 무구

象曰, 履錯之敬, 以辟咎也.
상왈 리착지경 이피구야

육이효, 황색중정함에 걸려 있으니 크게 선하고 길하다.

「상전」에서 말했다. "황색에 걸려 있으니 크게 선하고 길한 것"은 중도를 얻었기 때문이다.

六二, 黃離, 元吉.
육이 황리 원길

象曰, "黃離, 元吉", 得中道也.
상왈 황리 원길 득중도야

구삼효, 해가 기울어져 걸려 있는 것이니 질그릇을 두드리며 노래하지 않는다면 늙은이가 탄식하는 것이니 흉하다.

「상전」에서 말했다. "해가 기울어져 걸려 있는 것"이니 어찌 오래갈 수 있겠는가!

九三, 日昃之離, 不鼓缶而歌, 則大耋之嗟, 凶.
구삼 일측지리 불고부이가 즉대질지차 흉

象曰, "日昃之離", 何可久也!
상 왈 일 측 지 리 하 가 구 야

구사효, 갑자기 들이닥쳐서 육오의 군주를 불태울 듯하니 자신이 죽는 것이고 주변 사람들에게 버림받음이다.
「상전」에서 말했다. "갑자기 들이닥침"은 받아 줄 곳이 없는 것이다.

九四, 突如其來如, 焚如, 死如, 棄如.
구 사 돌 여 기 래 여 분 여 사 여 기 여

象曰, "突如其來如", 无所容也.
상 왈 돌 여 기 래 여 무 소 용 야

육오효, 눈물을 줄줄 흘리고 슬퍼하며 탄식함이니 길하리라.
「상전」에서 말했다. 육오효의 길함은 군주의 자리에 붙어 있기 때문이다.

六五, 出涕沱若, 戚嗟若, 吉.
육 오 출 체 타 약 척 차 약 길

象曰, 六五之吉, 離王公也.
상 왈 육 오 지 길 리 왕 공 야

상구효, 왕이 정벌을 나가면 좋은 일이 있으리니, 우두머리만 죽이고 그 무리를 잡아들이지 않는다면 허물이 없을 것이다.

「상전」에서 말했다. "왕이 정벌을 나감"은 나라를 바로잡는 것이다.

上九, 王用出征, 有嘉, 折首, 獲匪其醜, 无咎.
상구 왕용출정 유가 절수 획비기추 무구

象曰, "王用出征", 以正邦也.
상왈 왕용출정 이정방야

"형통하니 올바름을 지키는 것이 이롭고 여자에게 장가들면 길하다"고 하였다.

하늘과 땅이 감응하여 만물이 변화하여 생겨나고 성인이 사람들의 마음을 감동시켜서 세상이 화평해지나, 그 감응하는 것을 관찰하면 천지 만물의 실상을 볼 수 있으리라!

「상전」에서 말했다. 산 위에 연못이 있는 것이 함괘이니, 군자는 이것을 보고 마음을 텅 비워서 다른 사람을 받아들인다.

낭송
Q
시리즈

원문으로
읽는
디딤돌편

주역
하경

31
음과 양의 감응, 택산 함
澤山咸

䷞

함괘咸卦는 형통하니 올바름을 지키는 것이 이롭고, 여자에게 장가들면 길하다.

咸, 亨, 利貞, 取女吉.
함 형 리정 취녀길

「단전」에서 말했다.

함咸은 감응하는 것이다. 부드러운 음陰, 상육이 올라가고 굳센 양陽, 구삼이 내려와서 두 기운이 느끼고 호응하여 서로 함께하고 멈추면서 기뻐하여 남자가 여자에게 자신을 낮춘다.* 이 때문에 "형통하니 올바름을 지키는 것이 이롭고, 여자에게 장가들면 길하다"고 하였다. 하늘과 땅이 감응하여 만물이 변화하여 생겨나고 성인이 사람들의 마음을 감동시켜서 세상이 화평해지니, 그 감응하는 것을 관찰하면 천지 만물의 실상을 볼 수 있으리라!

彖曰, 咸, 感也. 柔上而剛下, 二氣感應以相與,
단 왈 함 감 야 유 상 이 강 하 이 기 감 응 이 상 여

止而說. 男下女, 是以 "亨, 利貞, 取女吉"也.
지 이 열 남 하 녀 시 이 형 리 정 취 녀 길 야

天地感而萬物化生, 聖人感人心而天下和平,
천 지 감 이 만 물 화 생 성 인 감 인 심 이 천 하 화 평

觀其所感, 而天地萬物之情可見矣!
관 기 소 감 이 천 지 만 물 지 정 가 견 의

「상전」에서 말했다. 산艮, ☶ 위에 연못兌, ☱이 있는 것이 함괘이니, 군자는 이것을 보고 마음을 텅 비워서 다른 사람을 받아들인다.

象曰, 山上有澤, 咸, 君子以, 虛受人.
상 왈 산 상 유 택 함 군 자 이 허 수 인

* 택산 함괘에서 위에 있는 태괘(兌卦)는 젊은 여자(少女)를, 아래에 있는 간괘(艮卦)는 젊은 남자(少男)를 상징한다. 그래서 남자가 여자에게 자신을 낮춘 것으로 본다.

초육효, 엄지발가락에서 감응한다.

「상전」에서 말했다. “엄지발가락에서 감응함”은 뜻이 밖외괘의 구사에 있는 것이다.

初六, 咸其拇.
초육 함기무

象曰, “咸其拇”, 志在外也.
상왈 함기무 지재외야

육이효, 장딴지에서 감응하면 흉하니 자기 자리를 지키고 있으면 길하리라.

「상전」에서 말했다. 비록 흉하더라도 자기 자리를 지키고 있으면 길한 것은 이치에 따르면 해롭지 않기 때문이다.

六二, 咸其腓, 凶, 居吉.
육이 함기비 흉 거길

象曰, 雖凶居吉, 順不害也.
상왈 수흉거길 순불해야

구삼효, 넓적다리에서 감응함이라. 지키는 바가 상육을 따름이니 나아가면 부끄러우리라.

「상전」에서 말했다. "넓적다리에서 감응함"은 초육·육이와 마찬가지로 자기 자리에 있지 못함이다. 타인을 따르는 데에 뜻이 있음은 그 지키려는 바가 수준 낮은 것이다.

九三, 咸其股. 執其隨, 往吝.
구삼 함기고 집기수 왕린

象曰, "咸其股", 亦不處也. 志在隨人, 所執下也.
상왈 함기고 역불처야 지재수인 소집하야

구사효, 올바름을 굳게 지키면 길하여 후회가 없어진다. 초육에게 왕래하기를 끊임없이 하면 친한 벗만이 너의 생각을 따를 것이다.

「상전」에서 말했다. "올바름을 굳게 지키면 길하여 후회가 없어짐"은 사사로이 감응하는 해가 없는 것이다. "왕래하기를 끊임없이 함"은 크게 빛나지 못한 것이다.

九四, 貞吉, 悔亡. 憧憧往來, 朋從爾思.
구사 정길 회망 동동왕래 붕종이사

象曰, "貞吉, 悔亡", 未感害也. "憧憧往來",
상왈 정길 회망 미감해야 동동왕래

未光大也.
미광대야

구오효, 등에서 감응하니 후회가 없으리라.*

「상전」에서 말했다. "등에서 감응함"은 뜻이 말단에 있기 때문이다.

九五, 咸其脢, 无悔.
구오 함기매 무회

象曰, "咸其脢", 志末也.
상왈 함기매 지말야

상육효, 광대뼈와 뺨과 혀에서 감응한다.

「상전」에서 말했다. "광대뼈와 뺨과 혀에서 감응함"은 입에서 말로만 떠드는 것이다.

上六, 咸其輔頰舌.
상육 함기보협설

象曰, "咸其輔頰舌", 滕口說也.
상왈 함기보협설 등구설야

* 구오의 뜻이 정응인 육이와 가까이 있는 상육을 향하면 사심(私心)이고 말단(末端)에 있는 것이다. "등에서 감응하니 후회가 없으리라" 함은 사심을 등져서 벗어날 수 있다면 후회가 없을 것이라는 뜻이다.

32
오래도록 지속함, 뇌풍 항
雷風恒

䷟

항괘恒卦는 형통하여 허물이 없으니 올바름을 굳게 지키는 것이 이롭고 가는 바를 두는 것이 이롭다.

恒, 亨, 无咎, 利貞, 利有攸往.
항 형 무구 리정 리유유왕

「단전」에서 말했다.

항이란 오래도록 지속하는 것이다. 굳센 양陽, 구사이 위로 올라가고 부드러운 음陰, 초육이 아래로 가 있다.* 우레와 바람이

* 건(乾)의 초효(初爻)가 올라가 4효에 자리하여 상괘인 진(震, ☳)이 되고 곤(坤)의 초효(初爻)가 아래로 내려와 초효에 자리하여 하괘인 손(巽, ☴)이 된 것으로 보는 것이다.

서로 함께하여 공손하게 움직이고 굳센 양과 부드러운 음이 모두 서로 호응하니 '항상됨'이다. "항괘는 형통하여 허물이 없으니 올바름을 굳게 지키는 것이 이롭다" 함은 그 도를 오래 지속하는 것이다. 하늘과 땅의 도는 오래 지속되며 그치지 않는다. "가는 바를 두는 것이 이롭다"고 한 것은 끝이 있으면 시작이 있기 때문이다. 해와 달이 천도를 따라서 오래도록 비추며, 사계절이 변화하여 오래도록 이루며, 성인이 도를 오래 지속하기에 온 세상이 교화되고 완성된다. 그 오래 지속하는 것을 보면 천지 만물의 실상을 볼 수 있다!

彖曰, 恒, 久也. 剛上而柔下, 雷風相與, 巽而動,
단왈 항 구야 강상이유하 뇌풍상여 손이동

剛柔皆應, '恒'. "恒, 亨, 无咎, 利貞", 久於其道也.
강유개응 항 항 형 무구 리정 구어기도야

天地之道, 恒久而不已也. "利有攸往", 終則有始也.
천지지도 항구이불이야 리유유왕 종즉유시야

日月得天而能久照, 四時變化而能久成, 聖人
일월득천이능구조 사시변화이능구성 성인

久於其道而天下化成. 觀其所恒, 而天地萬物之情
구어기도이천하화성 관기소항 이천지만물지정

可見矣!
가견의

「상전」에서 말했다. 우레震, ☳와 바람巽, ☴이 항괘이니, 군자는 이것을 보고 자립해서 자신이 서 있는 자리를 바꾸지 않는다.

象曰, 雷風, 恒, 君子以, 立不易方.
상 왈 뇌 풍 항 군 자 이 입 불 역 방

초육효, 깊이 파고들어 오래 지속하는 것이다. 고수하는 것이라 흉하니 이로울 바가 없다.

「상전」에서 말했다. 깊이 파고들어 오래 지속하는 것의 흉함은 시작하는 데 윗사람구사의 도움을 구함이 심하기 때문이다.

初六, 浚恒. 貞凶, 无攸利.
초 육 준 항 정 흉 무 유 리

象曰, 浚恒之凶, 始求深也.
상 왈 준 항 지 흉 시 구 심 야

구이효, 후회가 없어진다.

「상전」에서 말했다. 구이효가 "후회가 없어지는 것"은 오래도록 중도를 지킬 수 있기 때문이다.

九二, 悔亡.
구이 회망

象曰, 九二 "悔亡", 能久中也.
상왈 구이 회망 능구중야

구삼효, 덕을 오래 지속시키지 못한다. 간혹 수치로 이어질 것이니 그런 자신을 고수하면 부끄럽다.

「상전」에서 말했다. "덕을 오래 지속시키지 못함"은 받아 줄 곳이 없는 것이다.

九三, 不恒其德. 或承之羞, 貞吝.
구삼 불항기덕 혹승지수 정린

象曰, "不恒其德", 无所容也.
상왈 불항기덕 무소용야

구사효, 사냥하는데 짐승을 잡지 못하는 것이다.

「상전」에서 말했다. 합당한 자리가 아닌 곳에서 오래도록 지속하는 것이니 어떻게 짐승을 잡겠는가?

九四, 田无禽.
구사 전무금

象曰, 久非其位, 安得禽也?
상 왈 구 비 기 위 안 득 금 야

육오효, 그 덕을 오래 지속하여 행하면 올바르다. 부인의 경우는 길하고 장부의 경우는 흉하다.

「상전」에서 말했다. 부인이 올바르게 행함이 길한 것은 하나를 따르면서 끝마치기 때문이다. 장부는 상황에 맞추어 조절해야지 부인의 도를 따르면 흉한 것이다.

六五, 恒其德, 貞. 婦人吉, 夫子凶.
육 오 항 기 덕 정 부 인 길 부 자 흉

象曰, 婦人貞吉, 從一而終也. 夫子制義, 從婦凶也.
상 왈 부 인 정 길 종 일 이 종 야 부 자 제 의 종 부 흉 야

상육효, 흔들림이 오래 지속됨이니 흉하다.

「상전」에서 말했다. "흔들림이 오래 지속됨"으로 윗자리에 있으니 크게 공을 이루지 못한다.

上六, 振恒, 凶.
상 육 진 항 흉

象曰, "振恒" 在上, 大无功也.
상 왈 진 항 재 상 대 무 공 야

33
때맞춰 물러남, 천산 둔
天山 遯

䷠

둔괘遯卦는 형통할 수 있으니 조금 바로잡음이 이롭다.

遯, 亨, 小利貞.
둔　형　소리정

「단전」에서 말했다.

"둔괘는 형통할 수 있음"은 물러남이 형통하다는 것이다. 굳센 양陽, 구오이 지위에 합당하게 행동하여 호응하니 때에 따라 행하는 것이다. "조금 바로잡음이 이롭다"는 것은 점차 음陰이 자라기 때문이니 물러남遯의 때와 뜻이 위대하구나!

彖曰, "遯, 亨", 遯而亨也. 剛當位而應, 與時行也.
단왈 둔 형 둔이형야 강당위이응 여시행야

"小利貞", 浸而長也. 遯之時義 大矣哉!
소리정 침이장야 둔지시의 대의재

「상전」에서 말했다. 하늘乾, ☰ 아래 산艮, ☶이 있는 것이 둔괘이니, 군자는 이것을 보고 소인을 멀리하되 나쁜 말로 대하지 않고 위엄 있고 신중하게 처신한다.

象曰, 天下有山, 遯, 君子以, 遠小人, 不惡而嚴.
상왈 천하유산 둔 군자이 원소인 불악이엄

초육효, 물러나는데 꼬리가 되어* 위태로우니 가는 바를 두지 말아야 한다.

「상전」에서 말했다. 물러나는데 꼬리가 되어 위태롭지만 함부로 나아가지 않는데 무슨 재앙이 있겠는가?

* 물러날 때에는 위에서부터 먼저 움직여 나가기 때문에 초육이 가장 나중에 물러나 꼬리가 된다.

初六, 遯尾, 厲, 勿用有攸往.
초육 둔미 려 물용유유왕

象曰, 遯尾之厲, 不往, 何災也?
상왈 둔미지려 불왕 하재야

육이효, 황소 가죽*을 써서 구오와 묶이니 그 굳은 신뢰를 이루 다 말할 수 없다.

「상전」에서 말했다. "황소 가죽을 써서 구오와 묶임"은 뜻을 견고하게 한 것이다.

六二, 執之用黃牛之革, 莫之勝說.
육이 집지용황우지혁 막지승설

象曰, "執用黃牛", 固志也.
상왈 집용황우 고지야

구삼효, 육이에 얽매인 채로 물러남이라 병이 있어서 위태로우나 아랫사람과 여자를 기름에는 길하다.

* 황소 가죽: 누렇다는 것은 중(中)의 덕을 의미하고, 소는 이치를 따르는 순(順)을 의미한다. 그러므로 황소는 중도를 지키는 덕을 따른다는 의미이고 가죽은 견고함을 뜻한다.

「상전」에서 말했다. 얽매인 채로 물러나는 것의 위태로움은 병이 있어 고달픈 것이고, "아랫사람과 여자를 기름에 길한 것"은 큰일은 할 수 없음이다.

九三, 係遯, 有疾, 厲, 畜臣妾, 吉.
구삼 계둔 유질 려 휵신첩 길

象曰, 係遯之厲, 有疾憊也, "畜臣妾, 吉",
상왈 계둔지려 유질비야 휵신첩 길

不可大事也.
불가대사야

구사효, 좋아하지만 물러남이니 군자에게는 길하고 소인에게는 좋지 않다.

「상전」에서 말했다. 군자는 좋아하지만 물러날 수 있고, 소인은 그렇게 할 수 없다.

九四, 好遯, 君子吉, 小人否.
구사 호둔 군자길 소인비

象曰, 君子好遯, 小人否也.
상왈 군자호둔 소인비야

구오효, 아름다운 물러남이니 올바름을 굳게 지켜서 길하다.

「상전」에서 말했다. "아름다운 물러남이니 올바름을 굳게 지켜서 길한 것"은 뜻이 바르기 때문이다.

九五, 嘉遯, 貞吉.
구오 가둔 정길

象曰, "嘉遯, 貞吉", 以正志也.
상왈 가둔 정길 이정지야

상구효, 여유 있는 물러남이니 이롭지 않음이 없다.

「상전」에서 말했다. "여유있는 물러남이니 이롭지 않음이 없음"은 결단에 의심하는 바가 없는 것이다.

上九, 肥遯, 无不利.
상구 비둔 무불리

象曰, "肥遯, 无不利", 无所疑也.
상왈 비둔 무불리 무소의야

34
양陽이 강한 힘을 씀, 뇌천 대장
雷天大壯

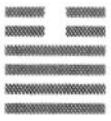

대장괘大壯卦는 올바름을 굳게 지키는 것이 이롭다.

大壯, 利貞.
대 장 리 정

「단전」에서 말했다.

대장은 큰 것陽이 장성함이다. 강건함으로써 움직이므로 왕성하게 자라난다. "대장괘는 올바름을 굳게 지키는 것이 이롭다" 함은 큰 것陽이 바른 것이니 올바르고 커서 천지의 실상을 볼 수 있다!

彖曰, 大壯, 大者壯也. 剛以動, 故'壯'. "大壯,
단왈 대장 대자장야 강이동 고장 대장

利貞", 大者正也, 正大而天地之情, 可見矣!
리정 대자정야 정대이천지지정 가견의

「상전」에서 말했다. 우레震, ☳가 하늘乾, ☰ 위에 있는 것이 대장괘이니, 군자가 이것을 보고 예가 아니면 행하지 않는다.

象曰, 雷在天上, 大壯, 君子以, 非禮弗履.
상왈 뇌재천상 대장 군자이 비례불리

초구효, 발에서 장성한 것이니 나아가면 흉하게 될 것이 틀림없다.

「상전」에서 말했다. "발에서 장성함"은 곤궁하게 될 것이 분명하다.

初九, 壯于趾, 征凶, 有孚.
초구 장우지 정흉 유부

象曰, "壯于趾", 其孚窮也.
상왈 장우지 기부궁야

구이효, 올바름을 굳게 지켜 길하다.

「상전」에서 말했다. 구이효가 "올바름을 굳게 지켜 길한 것"은 중도를 얻었기 때문이다.

九二, 貞吉.
구이 정길

象曰, 九二 "貞吉", 以中也.
상왈 구이 정길 이중야

구삼효, 소인이라면 강한 힘을 쓰고 군자라면 상대를 무시한다. 그 상태를 고수하면 위태로우니 숫양이 울타리를 치받아서 그 뿔이 다치는 것이다.

「상전」에서 말했다. 소인은 강한 힘을 쓰고 군자는 상대를 무시한다.

九三, 小人用壯, 君子用罔. 貞厲, 羝羊觸藩,
구삼 소인용장 군자용망 정려 저양촉번

羸其角.
리기각

象曰, 小人用壯, 君子罔也.
상왈 소인용장 군자망야

구사효, 올바름을 굳게 지키면 길하여 후회가 없어진다. 울타리가 터져 열려서 뿔이 다치지 않으며 큰 수레의 바퀴살이 강한 것이다.

「상전」에서 말했다. "울타리가 터져 열려서 뿔이 다치지 않는 것"은 계속해서 나아갈 수 있음이다.

九四, 貞吉, 悔亡. 藩決不羸, 壯于大輿之輹.
구사 정길 회망 번결불리 장우대여지복

象曰, "藩決不羸", 尙往也.
상왈 번결불리 상왕야

육오효, 양羊=陽들을 온화하게 대하여 힘을 잃게 하면 후회가 없다.

「상전」에서 말했다. "양들을 온화하게 대하여 힘을 잃게 하는 것"은 지위가 합당치 않기 때문이다.

六五, 喪羊于易, 无悔.
육오 상양우이 무회

象曰, "喪羊于易", 位不當也.
상왈 상양우이 위부당야

상육효, 숫양이 울타리를 치받아 물러날 수도 없고 나아갈 수도 없다. 이로운 것이 없으니 어렵게 여기면 길하다.

「상전」에서 말했다. "물러날 수도 없고 나아갈 수도 없음"은 신중하지 못하기 때문이고, "어렵게 여기면 길함"은 허물이 자라나지 않기 때문이다.

上六, 羝羊觸藩, 不能退, 不能遂. 无攸利, 艱則吉.
상육 저양촉번 불능퇴 불능수 무유리 간즉길

象曰, "不能退, 不能遂", 不詳也, "艱則吉",
상왈 불능퇴 불능수 불상야 간즉길

咎不長也.
구부장야

35

밝음에 나아감, 화지 진

火地晉

䷢

진괘晉卦는 나라를 안정시키는 제후에게 말을 많이 하사하고, 하루에 세 번 접견하는 것이다.

晉, 康侯用錫馬蕃庶, 晝日三接.
진 강후용석마번서 주일삼접

「단전」에서 말했다.

진은 나아감이다. 밝음이 땅 위로 나와서 순종하면서 큰 밝음에 걸려 있고 부드러운 음陰이 나아가 윗자리에서 행한다.

이 때문에 "나라를 안정시키는 제후에게 말을 많이 하사하고 하루에 세 번 접견하는 것"이다.

彖曰, 晉, 進也. 明出地上, 順而麗乎大明,
단 왈 진 진 야 명 출 지 상 순 이 려 호 대 명

柔進而上行. 是以"康侯用錫馬蕃庶, 晝日三接"也.
유 진 이 상 행 시 이 강 후 용 석 마 번 서 주 일 삼 접 야

「상전」에서 말했다. 밝음離, ☲이 땅坤, ☷ 위로 나오는 것이 진괘이니 군자는 이것을 보고 스스로 명철한 덕을 밝힌다.

象曰, 明出地上, 晉, 君子以, 自昭明德.
상 왈 명 출 지 상 진 군 자 이 자 소 명 덕

초육효, 나아가려다 물러남에 올바르면 길하다. 구사가 믿어 주지 않더라도 여유를 가지면 허물이 없다.

「상전」에서 말했다. "나아가려다 물러남"은 홀로 올바름을 행하는 것이고 "여유를 가지면 허물이 없음"은 아직 임명을 받지 않았기 때문이다.

初六, 晉如摧如, 貞吉. 罔孚, 裕无咎.
초 육 진 여 최 여 정 길 망 부 유 무 구

象曰, "晉如摧如", 獨行正也, "裕无咎", 未受命也.
상왈 진여최여 독행정야 유무구 미수명야

육이효, 나아가려다 근심하는 것이지만 올바름을 지키면 길하니 왕모육오에게서 큰 복을 받는다.

「상전」에서 말했다. "큰 복을 받는 것"은 중도를 지키고 바르기 때문이다.

六二, 晉如愁如, 貞吉, 受茲介福于其王母.
육이 진여수여 정길 수자개복우기왕모

象曰, "受茲介福", 以中正也.
상왈 수자개복 이중정야

육삼효, 무리가 믿고 따르니 후회가 없어진다.

「상전」에서 말했다. 무리가 믿고 따르는 뜻은 위로 가서 육오의 군주를 따르려는 것이다.

六三, 衆允, 悔亡.
육삼 중윤 회망

象曰, 衆允之志, 上行也.
상왈 중윤지지 상행야

구사효, 나아가는 것이 다람쥐*와 같으니 계속 고수하면 위태롭다.

「상전」에서 말했다. "나아가는 것이 다람쥐와 같으니 계속 고수하면 위태로운 것"은 지위가 합당치 않기 때문이다.

九四, 晉如鼫鼠, 貞厲.
구사 진여석서 정려

象曰, "鼫鼠, 貞厲", 位不當也.
상왈 석서 정려 위부당야

육오효, 후회가 없게 된다. 득실을 근심하지 말아야 하니 나아가면 길하여 이롭지 않음이 없다.

「상전」에서 말했다. "득실을 근심하지 말라는 것"은 나아가면 경사가 있기 때문이다.

六五, 悔亡. 失得勿恤, 往吉, 无不利.
육오 회망 실득물휼 왕길 무불리

象曰, "失得勿恤", 往有慶也.
상왈 실득물휼 왕유경야

* 다람쥐와 같다는 것은 조급하고 욕심이 많으면서 불안과 두려움으로 사람을 꺼린다는 의미이다.

상구효, 그 뿔에까지 나아감이니 오직 자기 자신을 강하게 단속하는 데에 사용하면 엄격하더라도 길하고 허물이 없다. 하지만 올바름의 측면에서는 부끄러움이 있다.

「상전」에서 말했다. "오직 자기 자신을 강하게 단속하는 데에 사용함"은 도가 밝게 빛나지 못한 것이다.

上九, 晉其角, 維用伐邑, 厲吉, 无咎. 貞吝.
상구 진기각 유용벌읍 려길 무구 정린

象曰, "維用伐邑", 道未光也.
상왈 유용벌읍 도미광야

36
밝음이 손상당함, 지화 명이
地火 明夷

䷣

명이괘明夷卦는 어려움을 알고 올바름을 굳게 지키는 것이 이롭다.

明夷, 利艱貞.
명이 리간정

「단전」에서 말했다.

밝은 빛이 땅속으로 들어가므로 '밝음이 상하는'明夷 것인데 안으로 문명하면서 겉으로는 유순하여 큰 환난을 겪어 내니 문왕이 그렇게 하셨다.* "어려움을 알고 올바름을 굳게 지키는 것이 이로움"은 그 현명함을 감추는 것이다. 국내에 있어 어려움을 겪었지만 그 뜻을 올바르게 했으니 기자箕子가 그렇게 하였다.**

彖曰, 明入地中, '明夷', 內文明而外柔順,
단왈 명입지중 명이 내문명이외유순
以蒙大難, 文王以之. "利艱貞", 晦其明也. 內難
이몽대란 문왕이지 리간정 회기명야 내란
而能正其志, 箕子以之.
이능정기지 기자이지

「상전」에서 말했다. 밝은 빛離, ☲이 땅坤, ☷속으로 들어간 것이 명이괘이니, 군자는 이것을 보고 군중을 대할 때에 자신의 밝음을 감추어서 현명하게 처신한다.

象曰, 明入地中, 明夷, 君子以, 莅衆, 用晦而明.
상왈 명입지중 명이 군자이 리중 용회이명

* 문왕이 은나라의 마지막 왕, 주(紂)의 눈 밖에 나서 유리옥(羑里獄)에 갇히게 되었는데 이때, 『역』을 연구해서 64괘의 괘사를 짓고 민심을 얻어 주나라 건국의 기초를 닦은 일을 가리킨다.

** 기자는 주왕의 숙부인데 나라를 위해 간언했지만 듣지 않았다. 그러자 머리를 풀어헤치고 거짓으로 미친 척을 하며 자신의 뜻을 지켰다.

초구효, 밝은 빛이 손상당하는 때 날아가려 함에 그 날개가 아래로 처지는 것이다. 군자가 떠나가면서 3일 동안 먹지 못하니 나아갈 바를 두면 주변 사람들이 이런저런 말을 한다.

「상전」에서 말했다. "군자가 떠나가는 것"은 의리상 먹지 말아야 하기 때문이다.***

初九, 明夷于飛, 垂其翼. 君子于行, 三日不食,
초구 명이우비 수기익 군자우행 삼일불식

有攸往, 主人有言.
유유왕 주인유언

象曰, "君子于行", 義不食也.
상왈 군자우행 의불식야

육이효, 밝은 빛이 손상당하는 때에 왼쪽 넓적다리를 다쳤으나 구원하는 말馬, 구삼이 건장하다면 길하다.

「상전」에서 말했다. 육이효가 길한 것은 유순하면서 원칙을 따르기 때문이다.

六二, 明夷, 夷于左股, 用拯馬壯, 吉.
육이 명이 이우좌고 용증마장 길

*** 밝음이 손상당하는 시대이므로 군자는 관직에서 물러나서 봉록을 받지 않는 것이 의리에 마땅하다.

象曰, 六二之吉, 順以則也.
상 왈 육이지길 순이칙야

구삼효, 밝은 빛이 손상당하는 때에 남쪽으로 사냥 나가서 그 우두머리상육·포악한 군주를 잡아 제거하지만 습속을 급하게 바로잡아서는 안 된다.

「상전」에서 말했다. 남쪽으로 사냥 나간 뜻을 크게 이룬 것이다.

九三, 明夷于南狩, 得其大首, 不可疾貞.
구삼 명이우남수 득기대수 불가질정

象曰, 南狩之志, 乃大得也.
상 왈 남수지지 내대득야

육사효, 왼쪽 배로 들어가 밝은 빛을 손상당한 육오의 마음을 얻어서 문 앞의 뜰국정을 논하는 조정로 나오는 것이다.

「상전」에서 말했다. "왼쪽 배로 들어감"은 군주의 마음과 뜻을 얻은 것이다.

六四, 入于左腹, 獲明夷之心, 于出門庭.
육사 입우좌복 획명이지심 우출문정

象曰, "入于左腹", 獲心意也.
상 왈 입우좌복 획심의야

육오효, 기자가 밝은 빛을 감춘 것이니 올바름을 굳게 지키는 것이 이롭다.

「상전」에서 말했다. 기자의 올바름은 밝음이 소멸될 수 없음이다.

六五, 箕子之明夷, 利貞.
육오 기자지명이 리정

象曰, 箕子之貞, 明不可息也.
상왈 기자지정 명불가식야

상육효, 밝지 못하여 어두우니 처음에는 하늘天位, 천자의 지위에 오르고 나중에는 땅속으로 들어간다.

「상전」에서 말했다. "처음에는 하늘에 오른다" 함은 왕이 되어 사방의 나라를 비추는 것이고, "나중에는 땅속으로 들어간다" 함은 법도치국지도, 나라를 다스리는 원칙를 잃은 것이다.

上六, 不明晦, 初登于天, 後入于地.
상육 불명회 초등우천 후입우지

象曰, "初登于天", 照四國也, "後入于地", 失則也.
상왈 초등우천 조사국야 후입우지 실칙야

37
집안을 다스리는 도리, 풍화 가인
風火家人

䷤

가인괘家人卦는 여자가 올바름을 지키는 것이 이롭다.

家人, 利女貞.
가 인 리 여 정

「단전」에서 말했다.

가인은 여자가 안에서 바르게 자리를 지키고 남자가 밖에서 바르게 자리를 지키는 것*이니 남자와 여자가 올바른 것이

* 내괘(아래 있는 소성괘) 가운데에 음효인 육이가 음의 자리에 있고, 외괘(위에 있는 소성괘) 가운데에 양효인 구오가 양의 자리에 있는 것을 말한다.

고 천지의 큰 뜻이다. 가정에는 존엄한 군주가 있어야 하니 부모를 말한다. 아버지는 아버지답고 자식은 자식답고 형은 형답고 아우는 아우답고 남편은 남편답고 아내는 아내다움에 가정의 도가 바르게 되니 집안을 바르게 하면 세상이 안정된다.

象曰, 家人, 女正位乎內, 男正位乎外, 男女正,
단왈 가인 여정위호내 남정위호외 남녀정

天地之大義也. 家人有嚴君焉, 父母之謂也.
천지지대의야 가인유엄군언 부모지위야

父父, 子子, 兄兄, 弟弟, 夫夫, 婦婦, 而家道正,
부부 자자 형형 제제 부부 부부 이가도정

正家而天下定矣.
정가이천하정의

「상전」에서 말했다. 바람巽, ☴이 불離, ☲에서 나오는 것이 가인괘이니, 군자는 이것을 보고 말을 할 때에는 진실되게 하고 행할 때에는 항상됨이 있게 한다.

象曰, 風自火出, 家人, 君子以, 言有物而行有恒.
상왈 풍자화출 가인 군자이 언유물이행유항

초구효, 집안을 다스림에 법도로 막아서 지키면 후회가 없다.

「상전」에서 말했다. "집안을 다스림에 법도로 막아서 지키는 것"은 뜻이 아직 변치 않았기 때문이다.

初九, 閑有家, 悔亡.
초구 한유가 회망

象曰, "閑有家", 志未變也.
상왈 한유가 지미변야

육이효, 바깥일을 이루려는 바가 없으니 집안에 있으면서 음식을 준비해 사람들에게 대접하면 올바르고 길하다.

「상전」에서 말했다. 육이효가 길한 것은 자신을 낮춤으로써 이치를 따르기 때문이다.

六二, 无攸遂, 在中饋, 貞吉.
육이 무유수 재중궤 정길

象曰, 六二之吉, 順以巽也.
상왈 육이지길 순이손야

구삼효, 집안사람들이 원망하는 소리를 내면 엄격함을 후회하지만 길하다. 부인과 자식이 희희낙락하면 끝내 부끄럽게 될 것이다.

「상전」에서 말했다. "집안사람들이 원망하는 소리를 내는 것"은 심한 잘못이 아니고 "부인과 자식이 희희낙락함"은 집안의 절도를 잃은 것이다.

九三, 家人嗃嗃, 悔厲, 吉. 婦子嘻嘻, 終吝.
구삼 가인효효 회려 길 부자희희 종린

象曰, "家人嗃嗃", 未失也, "婦子嘻嘻", 失家節也.
상왈 가인효효 미실야 부자희희 실가절야

육사효, 집안을 부유하게 하는 것이니 크게 길하다.

「상전」에서 말했다. "집안을 부유하게 하는 것이니 크게 길한 것"은 이치를 따르면서 합당한 자리에 있기 때문이다.

六四, 富家, 大吉.
육사 부가 대길

象曰, "富家, 大吉", 順在位也.
상왈 부가 대길 순재위야

구오효, 왕이 집안을 다스리는 도를 지극히 하는 것이니 근심하지 않아도 길하다.

「상전」에서 말했다. "왕이 집안을 다스리는 도를 지극히 함"은 음육이과 양구오이 서로 아끼는 것이다.

九五, 王假有家, 勿恤, 吉.
구오 왕격유가 물휼 길

象曰, "王假有家", 交相愛也.
상왈 왕격유가 교상애야

상구효, 진실한 믿음이 있고 위엄이 있으면 끝내 길하리라.

「상전」에서 말했다. 위엄이 있어 길함은 자신을 돌이켜 성찰하는 것을 말한다.

上九, 有孚, 威如, 終吉.
상구 유부 위여 종길

象曰, 威如之吉, 反身之謂也.
상왈 위여지길 반신지위야

38
어긋남과 분열, 화택 규
火澤睽

䷥

규괘睽卦는 작은 일에는 길하리라.

睽, 小事吉.
규 소사길

「단전」에서 말했다.

규는 불이 움직여 위로 올라가고 연못이 움직여 아래로 흘러가니 두 여자가 함께 살지만 그 뜻이 함께 가지 않는 것이다.* 기뻐하면서 밝음에 걸려 있으며, 부드러운 음陰, 육오이 나아가 윗자리로 가서 중도中를 얻어 굳센 양陽, 구이에 호응한다. 그래서 "작은 일에는 길하다". 하늘과 땅은 떨어져 있지만 그 천지만물을 낳고 기르는 일은 한 가지이고, 남자와 여자는 차이가 있지만 그 뜻은 통하며, 만물은 다양하지만 그 낳고 기르는 일은 같은 종류이니, 어긋남睽의 때와 작용이 위대하도다!

彖曰, 睽, 火動而上, 澤動而下, 二女同居,
단 왈 규 화 동 이 상 택 동 이 하 이 녀 동 거

其志不同行. 說而麗乎明, 柔進而上行,
기 지 부 동 행 열 이 리 호 명 유 진 이 상 행

得中而應乎剛. 是以 "小事吉". 天地睽而其事同也,
득 중 이 응 호 강 시 이 소 사 길 천 지 규 이 기 사 동 야

男女睽而其志通也, 萬物睽而其事類也, 睽之時用
남 녀 규 이 기 지 통 야 만 물 규 이 기 사 류 야 규 지 시 용

大矣哉!
대 의 재

「상전」에서 말했다. 위에 불離, ☲이 있고 아래에 연못兌, ☱이 있는 것이 규괘이니, 군자는 이것을 보고 세상 속에 함께 살면서도 다르게 처신한다.

* 불을 상징하는 리괘(☲)는 둘째 딸, 연못을 상징하는 태괘(☱)는 셋째 딸이다. 불은 위로 타오르고 연못은 아래로 향하니 두 여자가 서로 가고자 하는 방향이 다르다.

象曰, 上火下澤, 睽, 君子以, 同而異.
상왈 상화하택 규 군자이 동이이

초구효, 후회가 없다. 말馬, 구사을 잃지만 쫓아가지 않아도 저절로 돌아온다. 사이가 나쁜 사람일지라도 만나야 허물이 없다.

「상전」에서 말했다. "사이가 나쁜 사람일지라도 만나는 것"은 허물을 피하기 위함이다.

初九, 悔亡, 喪馬, 勿逐自復. 見惡人, 无咎.
초구 회망 상마 물축자복 견악인 무구

象曰, "見惡人", 以辟咎也.
상왈 견악인 이피구야

구이효, 후미진 골목에서 군주를 만나면 허물이 없다.

「상전」에서 말했다. "후미진 골목에서 군주를 만남"은 자신의 도를 잃지 않는 것이다.

九二, 遇主于巷, 无咎.
구이 우주우항 무구

象曰, "遇主于巷", 未失道也.
상왈 우주우항 미실도야

육삼효, 수레가 뒤로 끌리고 소를 막아서니 그 수레에 탄 사람육삼이 머리를 깎이고 코가 베인다. 시작은 없지만 마침은 있으리라.

「상전」에서 말했다. "수레가 뒤로 끌림"은 지위가 합당치 않은 것이고, "시작은 없지만 마침은 있으리라" 함은 굳센 양陽, 상구을 만나기 때문이다.

六三, 見輿曳, 其牛掣, 其人天且劓. 无初有終.
육삼 견여예 기우체 기인천차의 무초유종

象曰, "見輿曳", 位不當也, "无初有終", 遇剛也.
상왈 견여예 위부당야 무초유종 우강야

구사효, 어긋나는 때라 외로운 처지인데 훌륭한 남편초구을 만나 진실한 믿음을 가지고 사귀니 위태롭지만 허물이 없다.

「상전」에서 말했다. '진실한 믿음을 가지고 사귀니 허물이 없음'은 뜻을 행할 수 있는 것이다.

九四, 睽孤, 遇元夫, 交孚, 厲无咎.
구 사 규 고 우 원 부 교 부 려 무 구

象曰, '交孚, 无咎', 志行也.
상 왈 교 부 무 구 지 행 야

육오효, 후회가 없어지니 그 뜻을 같이하는 사람들이 살을 깊이 깨물듯이 완전히 믿고 따라 주면 나아가는 데 무슨 허물이 있겠는가?
「상전」에서 말했다. "그 뜻을 같이하는 사람들이 살을 깊이 깨물듯이" 함은 나아가면 복이 있는 것이다.

六五, 悔亡, 厥宗噬膚, 往何咎?
육 오 회 망 궐 종 서 부 왕 하 구

象曰, "厥宗噬膚", 往有慶也.
상 왈 궐 종 서 부 왕 유 경 야

상구효, 어긋나는 때라 외로워서 돼지가 진흙을 뒤집어쓴 것과 수레에 귀신이 가득히 실려 있는 것을 본다. 먼저 활줄을 당기다가 나중에는 활을 풀어 놓는데, 이는 도적이 아니라 혼인할 짝이니 육삼에게 가서 비를 만나면 음과 양이 만나 사귀면 길하다.

「상전」에서 말했다. 비를 만나면 길함은 모든 의심이 없어진 것이다.

上九, 睽孤, 見豕負塗, 載鬼一車. 先張之弧,
상구 규고 견시부도 재귀일거 선장지호

後說之弧, 匪寇, 婚媾, 往遇雨, 則吉.
후탈지호 비구 혼구 왕우우 즉길

象曰, 遇雨之吉, 羣疑亡也.
상왈 우우지길 군의망야

39
어려움과 고난, 수산 건
水山 蹇

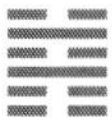

건괘蹇卦는 서남쪽 곤방(坤方)이 이롭고, 동북쪽 간방(艮方)은 이롭지 않으며* 대인구오을 만나는 것이 이로우니 올바름을 굳게 지키면 길하리라.

蹇, 利西南, 不利東北, 利見大人, 貞吉.
건 리서남 불리동북 리견대인 정길

* 문왕 팔괘에서 서남쪽은 곤(坤), 동북쪽은 간(艮)이 배치된다. 서남쪽이 이롭다는 것은 곤도(坤道)를 쓰는 것, 즉 이치를 따르면서(順) 편안히 여기는(易) 것이 이롭다는 뜻이다. 동북쪽이 이롭지 않다는 것은 간도(艮道)를 쓰는 것, 험준하고(峻) 막혀 있는(阻) 것은 이롭지 않다는 뜻이다.

「단전」에서 말했다.

건은 어려움이니, 위험이 앞에 있다. 위험을 보고 멈추어 설 수 있으니, 지혜롭구나! "건괘는 서남쪽이 이로운 것"은 나아가서 중도를 얻기 때문이고, "동북쪽은 이롭지 않은 것"은 그 도가 궁색해지기 때문이다. "대인을 만나는 것이 이롭다" 함은 나아가서 공이 있는 것이고, 합당한 자리에 있으니 "올바름을 굳게 지키면 길하다" 함은 나라를 바로잡는 것이다. '어려움'蹇의 때와 작용이 위대하구나!

彖曰, 蹇, 難也, 險在前也. 見險而能止, 知矣哉!
단왈 건 난야 험재전야 견험이능지 지의재

"蹇, 利西南", 往得中也, "不利東北", 其道窮也.
건 리서남 왕득중야 불리동북 기도궁야

"利見大人", 往有功也, 當位 "貞吉", 以正邦也.
리견대인 왕유공야 당위 정길 이정방야

蹇之時用大矣哉!
건지시용대의재

「상전」에서 말했다. 산艮, ☶ 위에 물坎, ☵이 있는 것이 건괘이니, 군자는 이 모습을 보고 자신을 돌이켜 덕을 수양한다.

象曰, 山上有水, 蹇, 君子以, 反身修德.
상 왈 산상유수 건 군자이 반신수덕

초육효, 나아가면 어렵고 제자리로 돌아오면 영예가 있다.

「상전」에서 말했다. "나아가면 어렵고 제자리로 돌아오면 영예가 있음"은 마땅히 기다려야 한다는 뜻이다.

初六, 往蹇, 來譽.
초 육 왕건 래 예

象曰, "往蹇, 來譽", 宜待也.
상 왈 왕건 래 예 의 대 야

육이효, 왕의 신하가 고난 속에서 더욱 어려운 것이니 이는 그 자신을 위한 것이 아니다.

「상전」에서 말했다. "왕의 신하가 고난 속에서 더욱 어려움"은 결국 허물이 없는 것이다.

六二, 王臣蹇蹇, 匪躬之故.
육 이 왕신건건 비 궁 지 고

象曰, "王臣蹇蹇", 終无尤也.
상 왈 왕신건건 종 무 우 야

구삼효, 나아가면 어렵고, 아래로 오면 제자리로 돌아오리라.

「상전」에서 말했다. "나아가면 어렵고 오면 제자리로 돌아오리라" 함은 안에 있는 사람들초육과 육이이 기뻐하기 때문이다.

九三, 往蹇, 來反.
구삼 왕건 래반

象曰, "往蹇, 來反", 內喜之也.
상왈 왕건 래반 내희지야

육사효, 나아가면 어렵고 제자리로 오면 아래의 효들과 연대한다.

「상전」에서 말했다. "나아가면 어렵고 제자리로 오면 아래의 효들과 연대하는 것"은 해당된 자리가 성실하기 때문이다.

六四, 往蹇, 來連.
육사 왕건 래연

象曰, "往蹇, 來連", 當位實也.
상왈 왕건 래연 당위실야

구오효, 큰 어려움에 처하여 도와줄 벗육이이 온다.

「상전」에서 말했다. "큰 어려움에 처하여 도와줄 벗이 오는 것"은 중정한 절도를 지키기 때문이다.

九五, 大蹇, 朋來.
구오 대건 붕래

象曰, "大蹇, 朋來", 以中節也.
상왈 대건 붕래 이중절야

상육효, 나아가면 어렵고, 아래로 오면 여유로워 길하리니 대인구오을 보는 것이 이롭다.

「상전」에서 말했다. "나아가면 어렵고, 아래로 오면 여유로움"은 뜻이 안구삼·구오에 있는 것이고, "대인을 보는 것이 이로움"은 귀한 구오의 군주를 따르는 것이다.

上六, 往蹇, 來碩, 吉, 利見大人.
상육 왕건 래석 길 리견대인

象曰, "往蹇, 來碩", 志在內也, "利見大人",
상왈 왕건 래석 지재내야 리견대인

以從貴也.
이종귀야

40
위험에서 풀려남, 뇌수 해
雷水解

䷧

해괘解卦는 서남쪽곤방(坤方)*이 이로우니 나아갈 필요가 없다. 와서 회복하는 것이 길하니 나아갈 바를 둔다면 서둘러 하는 것이 길하다.

解, 利西南, 无所往. 其來復吉, 有攸往, 夙吉.
해 리서남 무소왕 기래복길 유유왕 숙길

* 여기서 서남쪽(곤방坤方)이 의미하는 것은 곤(坤)이 가진 광대(廣大)함과 평이함을 쓰는 것이다. 백성들을 다스릴 때 관대(寬大)함과 간이(簡易)함을 따르는 것이 이롭다고 한 것이다.

「단전」에서 말했다.

'해'는 험난한 곳에서 움직이는 것이다. 움직여서 위험을 면하는 것이라 '풀려남'解이라고 하였다. "해괘는 서남쪽이 이롭다"는 말은 나아가서 무리를 얻음이다. "와서 회복하는 것이 길하다" 함은 중도를 얻는 것이다. "나아갈 바를 둔다면 서둘러 하는 것이 길하다" 함은 일을 진행해 가면 공이 있다는 것이다. 하늘과 땅이 풀려서 우레와 비가 일어나고, 우레와 비가 일어나서 백 가지 과실과 초목의 싹이 모두 열려 터지니 풀려남解의 때가 위대하구나!

彖曰, 解, 險以動. 動而免乎險, '解'. "解, 利西南",
단왈 해 험이동 동이면호험 해 해 리서남
往得衆也. "其來復吉", 乃得中也. "有攸往, 夙吉",
왕득중야 기래복길 내득중야 유유왕 숙길
往有功也. 天地解而雷雨作, 雷雨作而百果草木
왕유공야 천지해이뇌우작 뇌우작이백과초목
皆甲坼, 解之時大矣哉!
개갑탁 해지시대의재

「상전」에서 말했다. 우레震, ☳와 비坎, ☵가 일어나는 것이 해괘이니, 군자는 이것을 보고 실수한 자를 용서하고 죄지은

자는 너그럽게 처벌한다.

象曰, 雷雨作, 解, 君子以, 赦過宥罪.
상왈 뇌우작 해 군자이 사과유죄

초육효, 허물이 없다.

「상전」에서 말했다. 굳센 양陽, 구사과 부드러운 음陰, 초육이 교제하는 것이니 이치상 허물이 없다.

初六, 无咎.
초육 무구

象曰, 剛柔之際, 義无咎也.
상왈 강유지제 의무구야

구이효, 사냥하여 세 마리 여우삼음(三陰): 초육·육삼·상육를 잡아 누런 화살중도(中)와 강직함(直)을 얻으니 올바름을 굳게 지켜서 길하다.

「상전」에서 말했다. 구이효가 "올바름을 굳게 지켜서 길함"은 중도를 얻은 것이다.

九二, 田獲三狐, 得黃矢, 貞吉.
구이 전획삼호 득황시 정길

象曰, 九二 "貞吉", 得中道也.
상왈 구이 정길 득중도야

육삼효, 짐을 져야 할 소인이 수레를 타고 있는 것이라 도적을 불러들이니 올바르더라도 부끄럽게 될 것이다.

「상전」에서 말했다. "짐을 져야 할 소인이 수레를 타고 있는 것이라" 함은 추한 일이다. 자신 때문에 도적을 자초했으니 또 누구를 원망할 것인가?

六三, 負且乘, 致寇至, 貞吝.
육삼 부차승 치구지 정린

象曰, "負且乘", 亦可醜也. 自我致戎, 又誰咎也?
상왈 부차승 역가추야 자아치융 우수구야

구사효, 너의 엄지발가락초육을 풀어 버리면 벗구이이 이르러 이에 진실로 미더우리라.

「상전」에서 말했다. "엄지발가락을 풀어 버리는 것"은 처신이 그 지위에 합당하지 못하기 때문이다.

九四, 解而拇, 朋至斯孚.
구사 해이무 붕지사부

象曰, "解而拇", 未當位也.
상 왈 해 이 무 미 당 위 야

육오효, 군자덕 있는 군주가 오직 풀 수 있으면 길하니 소인들의 행태를 보면 알 수 있다.

「상전」에서 말했다. 군자가 풀어 버리면 소인은 물러난다.

六五, 君子維有解, 吉, 有孚于小人.
육 오 군 자 유 유 해 길 유 부 우 소 인

象曰, 君子有解, 小人退也.
상 왈 군 자 유 해 소 인 퇴 야

상육효, 공公: 가장 높은 자리에 오른 뛰어난 인물이 높은 담장 위에서 매를 쏘아 맞혀 잡으니 이롭지 않음이 없다.

「상전」에서 말했다. "공이 매를 쏘아 맞히는 것"은 큰 혼란을 해결하기 위함이다.

上六, 公用射隼于高墉之上, 獲之, 无不利.
상 육 공 용 석 준 우 고 용 지 상 획 지 무 불 리

象曰, "公用射隼", 以解悖也.
상 왈 공 용 석 준 이 해 패 야

41
덜어 내고 비움, 산택 손
山澤損

䷨

손괘損卦는 진실한 믿음이 있으면 크게 좋고 길하고 허물이 없어서 올바르게 할 수 있으니 나아가는 것이 이롭다. 어떻게 쓰겠는가? 대그릇 두 개만으로도 제사를 받들 수 있다.

損, 有孚, 元吉, 无咎, 可貞, 利有攸往. 曷之用?
손 유부 원길 무구 가정 리유유왕 갈지용

二簋可用享.
이궤가용향

「단전」에서 말했다.

손은 아래를 덜어 내어 위를 더하는 것이므로 그 도가 위로 나아간다.* 덜어 내되 진실한 믿음이 있으면 크게 길하고 허물이 없으며 올바르게 할 수 있어서 나아가는 것이 이롭다. "어떻게 쓰겠는가? 대그릇 두 개만으로도 제사를 받들 수 있다" 함은 대그릇 두 개로 제사를 지내는 데에 마땅히 때가 있으며, 굳센 양陽, 과함을 덜어서 부드러운 음陰, 부족함에 더하는 데에도 때가 있다는 말이다. 덜어 내고 더하며 채우고 비우는 것은 때에 맞게 함께 행해야 한다.

彖曰, 損, 損下益上, 其道上行. 損而有孚, 元吉,
단왈 손 손하익상 기도상행 손이유부 원길
无咎, 可貞, 利有攸往. "曷之用? 二簋可用享",
무구 가정 리유유왕 갈지용 이궤가용향
二簋應有時, 損剛益柔有時. 損益盈虛, 與時偕行.
이궤응유시 손강익유유시 손익영허 여시해행

「상전」에서 말했다. 산艮, ☶ 아래 연못兌, ☱이 있는 것이 손괘이니, 군자는 이것을 보고 분노를 억제하고 욕심을 막는다.

象曰, 山下有澤, 損, 君子以, 懲忿窒欲.
상왈 산하유택 손 군자이 징분질욕

* 양은 실한 것이고, 음은 부족한 것이다. 지천 태괘(䷊)에서 아래 있는 실한 양을 덜어 내서 위에 있는 부족한 음에 더해 준 결과, 산택 손괘(䷨)가 생겨났다고 보는 것이다.

초구효, 일을 마치거든 빨리 떠나가야 허물이 없으니 적절히 헤아려서 덜어 내야 한다.

「상전」에서 말했다. "일을 마치거든 빨리 떠나가야 함"은 윗사람과 뜻을 맞추는 것을 높이기 때문이다.

初九, 已事遄往, 无咎, 酌損之.
초구 이사천왕 무구 작손지

象曰, "已事遄往", 尙合志也.
상왈 이사천왕 상합지야

구이효, 올바름을 굳게 지키는 것이 이롭고 함부로 나아가면 흉하니 자신의 중도를 덜어 내지 않아야 육오의 군주에게 더해 줄 수 있다.

「상전」에서 말했다. 구이효가 "올바름을 굳게 지키는 것이 이로움"은 중도를 뜻으로 삼았기 때문이다.

九二, 利貞, 征凶, 弗損益之.
구이 리정 정흉 불손익지

象曰, 九二 "利貞", 中以爲志也.
상왈 구이 리정 중이위지야

육삼효, 세 사람이 갈 때에는 한 사람을 덜어 내고 한 사람이 갈 때에는 그 벗을 얻는다.*

「상전」에서 말했다. "한 사람이 간다는 것"은 셋이면 의심하기 때문이다.

六三, 三人行, 則損一人, 一人行, 則得其友.
육삼 삼인행 즉손일인 일인행 즉득기우

象曰, "一人行", 三則疑也.
상왈 일인행 삼즉의야

육사효, 그 병을 덜어 내되 신속하게 하면 기쁨이 있고 허물이 없게 된다.

「상전」에서 말했다. "그 병을 덜어 내는 것"은 역시 기뻐할 만하다.

* 산택 손괘는 지천 태괘가 변한 것으로 본다. 세 사람은 지천 태의 아래 있던 세 양과 위에 있던 세 음을 가리킨다. 세 양이 함께 가는데 구삼을 덜어서 위에 더해 상구를 만들고, 세 음이 함께 가는데 상육을 덜어 육삼을 만들어서 산택 손괘를 만들었다. 이것이 세 사람이 갈 때에 한 사람을 더는 것이다.
상효와 삼효은 본래 정응이면서 두 효가 오르내림으로 말미암아 하나의 괘를 이루었으니 둘이 서로 친한 것이다. 게다가 초효와 이효, 사효와 오효는 기질이 서로 같아 친하니 삼효와 상효가 하나씩 움직여 가서 모두 벗을 얻음이 된다.

六四, 損其疾, 使遄有喜, 无咎.
육사 손기질 사천유희 무구

象曰, "損其疾", 亦可喜也.
상왈 손기질 역가희야

육오효, 혹 더할 일이 있으면 열 명의 벗이 도와준다. 거북점일지라도 이를 어길 수 없으니 크게 좋고 길하다.

「상전」에서 말했다. 육오효가 "크게 좋고 길한 것"은 하늘이 도와주기 때문이다.

六五, 或益之, 十朋之. 龜, 弗克違, 元吉.
육오 혹익지 십붕지 귀 불극위 원길

象曰, 六五 "元吉", 自上祐也.
상왈 육오 원길 자상우야

상구효, 덜어 내지 않고서 더해 주면 허물이 없고 올바름을 지켜서 길하다. 가는 바를 둠이 이로우니 신하를 얻는 것이 집안사람에 국한되지 않으리라.

「상전」에서 말했다. "덜어 내지 않고 더해 줌"은 크게 뜻을 얻는 것이다.

上九, 弗損益之, 无咎, 貞吉. 利有攸往, 得臣无家.
상구 불손익지 무구 정길 리유유왕 득신무가

象曰, “弗損益之”, 大得志也.
상왈 불손익지 대득지야

42
보태 주고 채움, 풍뢰 익
風雷 益

䷩

익괘益卦는 나아갈 바를 두는 것이 이롭고, 큰 강을 건너는 것이 이롭다.

益, 利有攸往, 利涉大川.
익 리유유왕 리섭대천

「단전」에서 말했다.
익은 위를 덜어 내고 아래를 보태는 것이니 백성이 한없이 기뻐하고, 위로부터 아래에 낮추니 그 도가 크게 빛난다. "나아갈 바를 두는 것이 이롭다" 함은 육이와 구오가 중정의 덕으로 기쁜 일이 있는 것이다. "큰 강을 건너는 것이 이롭다"는 말은 '보태 줌의 도'木道=益道*가 행해지는 것이다. 보태 줌은 움직이는 데 공손하여, 나날이 증진되어 한계가 없다. 하늘이 베풀고 땅이 생해 주니 그 유익함은 일정한 장소에 한정되지 않는다. 보태 줌益의 도는 때에 맞게 함께 행해야 한다.

彖曰, 益, 損上益下, 民說无疆, 自上下下,
단왈 익 손상익하 민열무강 자상하하

其道大光. "利有攸往", 中正有慶. "利涉大川",
기도대광 리유유왕 중정유경 리섭대천

木道乃行. 益動而巽, 日進无疆. 天施地生,
목도내행 익동이손 일진무강 천시지생

其益无方. 凡益之道, 與時偕行.
기익무방 범익지도 여시해행

「상전」에서 말했다. 바람巽, ☴과 우레震, ☳가 서로 증진시키는 것이 익괘이니, 군자는 이것을 보고 좋은 것을 보면 옮겨가고, 허물이 있으면 고친다.

象曰, 風雷, 益, 君子以, 見善則遷, 有過則改.
상왈 풍뢰 익 군자이 견선즉천 유과즉개

* 이천은 목(木)이 익(益) 자가 잘못 표기된 것으로 보았고, 주자는 팔괘 중 진(震)은 우레를 상징하는데 오행상 양목(陽木)에 해당하고, 손(巽)은 바람을 상징하는데 오행상 음목(陰木)에 해당하기 때문에 목도(木道)가 행해진다고 하였고, 목(木)은 길러 내는 덕성을 가졌기에 보태 줌의 도(益道)와 통한다고 보았다.

초구효, 큰일을 일으키는 것이 이로우니, 크게 좋고 길해야 허물이 없다.

「상전」에서 말했다. "크게 좋고 길해야 허물이 없는 것"은 아랫자리에 있는 사람은 중대한 일을 할 수 없기 때문이다.

初九, 利用爲大作, 元吉, 无咎.
초구 리용위대작 원길 무구

象曰, "元吉, 无咎", 下不厚事也.
상왈 원길 무구 하불후사야

육이효, 혹 보탤 일이 있으면 열 명의 벗이 도와 주는 것이다. 거북점일지라도 이를 어길 수 없으나, 오래도록 올바름을 굳게 지키면 길하다. 왕이 이런 마음을 써서 상제께 제사 드려도 길하리라.

「상전」에서 말했다. "혹 보탤 일이 있음"은 밖으로부터 온 것이다.

六二, 或益之, 十朋之. 龜, 弗克違, 永貞吉.
육이 혹익지 십붕지 귀 불극위 영정길

王用享于帝, 吉.
왕용향우제 길

象曰, "或益之", 自外來也.
상왈 혹익지 자외래야

육삼효, 보태는 일을 흉한 일에 쓰면 허물이 없으나,* 진실한 믿음을 가지고 중도로써 행해야 군주에게 고할 때에 규圭, 왕의 신표로써 할 수 있다.

「상전」에서 말했다. 보태는 일을 흉한 일에 씀은 진실로 그 일을 자신이 책임지려 하기 때문이다.

六三, 益之用凶事, 无咎, 有孚中行, 告公用圭.
육삼 익지용흉사 무구 유부중행 고공용규

象曰, 益用凶事, 固有之也.
상왈 익용흉사 고유지야

육사효, 중도로써 행하면 군주에게 고해 믿고 따라주니, 윗사람구오의 군주에게 의지해 나라의 도읍을 옮기는 것이 이롭다.

「상전」에서 말했다. "군주에게 고해 믿고 따라줌"은 세상을 유익하게 하려는 뜻이기 때문이다.

六四, 中行, 告公從, 利用爲依, 遷國.
육사 중행 고공종 리용위의 천국

象曰, "告公從", 以益志也.
상왈 고공종 이익지야

* 흉사는 천재지변이나 재난을 당했을 때이다. 이때 급히 백성들을 구제하기 위해 먼저 보태어 주고 나중에 절차를 밟아 보고하면 허물이 없다는 의미다.

구오효, 진실한 믿음이 있어 세상을 은혜롭게 하려는 마음이기에 묻지 않아도 크게 좋고 길하니, 백성들이 믿음을 가지고 나의 덕구오가 베푸는 정치을 은혜롭게 여긴다.

「상전」에서 말했다. "진실한 믿음이 있어 세상을 은혜롭게 하려는 마음"이니 물을 것이 없는 것이고, "나의 덕을 은혜롭게 여김"이니 뜻을 크게 얻은 것이다.

九五, 有孚惠心, 勿問, 元吉, 有孚, 惠我德.
구오 유부혜심 물문 원길 유부 혜아덕

象曰, "有孚惠心", 勿問之矣, "惠我德", 大得志也.
상왈 유부혜심 물문지의 혜아덕 대득지야

상구효, 보태 주는 사람이 없기에, 어떤 사람은 공격한다. 마음먹기를 늘 하던 대로 하지 말아야 하니, 흉하다.

「상전」에서 말했다. "보태 주는 사람이 없음"은 상구가 자신의 이익에 치우쳤다는 것이고, "어떤 사람은 공격한다" 함은 밖으로부터 오는 것이다.

上九, 莫益之, 或擊之. 立心勿恒, 凶.
상구 막익지 혹격지 입심물항 흉

象曰, "莫益之", 偏辭也, "或擊之", 自外來也.
상왈 막익지 편사야 혹격지 자외래야

43
과감한 결단, 택천 쾌
澤天夬

䷪

쾌괘夬卦는 왕의 조정에서 드날리는 것이니, 진실한 믿음을 가지고 호령하여 위험이 남아 있음음이 남아 있음을 알게 한다. 자기 자신에서부터 고하되 군사를 일으키는 것은 이롭지 않으며, 나아갈 바를 두는 것이 이롭다.

夬, 揚于王庭, 孚號有厲. 告自邑, 不利卽戎,
쾌 양우왕정 부호유려 고자읍 불리즉융

利有攸往.
리유유왕

「단전」에서 말했다.

쾌는 과감하게 결단하여 척결하는 것이다. 굳센 양陽이 부드러운 음陰을 척결하는 것이니, 강건하되 기뻐하며 척결하면서도 화합한다. "왕의 조정에서 드날리는 것"은 부드러운 음陰, 상육이 다섯 개의 굳센 양陽을 올라타고 있기 때문이다. "진실한 믿음을 가지고 호령하여 위험이 있음을 알게 한다" 함은 그 위험을 조심해야 이에 빛나는 것이다. "자기 자신에서부터 고하되 군사를 일으키는 것은 이롭지 않음"은 숭상하는 것이 마침내 궁색해지는 것이다. "나아갈 바를 두는 것이 이로움"은 굳센 양의 자라남이 이에 끝마쳐지는 것이다.

彖曰, 夬, 決也. 剛決柔也, 健而說, 決而和.
단 왈 쾌 결 야 강 결 유 야 건 이 열 결 이 화

"揚于王庭", 柔乘五剛也. "孚號有厲", 其危乃光也.
양 우 왕 정 유 승 오 강 야 부 호 유 려 기 위 내 광 야

"告自邑, 不利卽戎", 所尙, 乃窮也. "利有攸往",
고 자 읍 불 리 즉 융 소 상 내 궁 야 리 유 유 왕

剛長乃終也.
강 장 내 종 야

「상전」에서 말했다. 연못兌, ☱이 하늘乾, ☰로 올라가는 것이 쾌괘이니, 군자는 이것을 보고 봉록을 베풀어 아래에 미치

게 하고 덕을 유지하면서 금기를 법으로 만든다.

象曰, 澤上於天, 夬, 君子以, 施祿及下, 居德則忌.
상 왈 택상어천 쾌 군자이 시록급하 거덕칙기

초구효, 발아래 있는 초구이 앞으로 나아감에 강건한 것이니, 나아가서 감당하지 못하면 허물이 되리라.

「상전」에서 말했다. 감당할 수 없는데도 앞으로 나아가니 허물이 된다.

初九, 壯于前趾, 往不勝爲咎.
초구 장우전지 왕불승위구

象曰, 不勝而往, 咎也.
상왈 불승이왕 구야

구이효, 두려워하며 호령하는 것이니, 늦은 밤에 적군이 있더라도 걱정할 것이 없다.

「상전」에서 말했다. "적군이 있더라도 걱정할 것이 없음"은 중도를 얻었기 때문이다.

九二, 惕號, 莫夜有戎, 勿恤.
구이 척호 모야유융 물휼

象曰, "有戎, 勿恤", 得中道也.
상왈 유융 물휼 득중도야

구삼효, 광대뼈구삼가 건장하여 흉함이 있다. 홀로 가서 상육과 사귀어 비를 만날 수 있으니음과 양의 만남이 이루어지니 군자는 과감하게 결단한다. 비에 젖은 듯하여 노여워하면 허물이 없으리라.

「상전」에서 말했다. "군자는 과감하게 결단하는 것"이니 끝내 허물이 없다.

九三, 壯于頄, 有凶. 獨行遇雨, 君子夬夬.
구삼 장우규 유흉 독행우우 군자쾌쾌

若濡有慍, 无咎.
약유유온 무구

象曰, "君子夬夬", 終无咎也.
상왈 군자쾌쾌 종무구야

구사효, 엉덩이에 살이 없으면서 나아가기를 머뭇거리니,*

양羊, 아래 3개의 양(陽)을 이끌고 나아가면 후회가 없겠지만, 말을 들어도 믿지 않는다.

「상전」에서 말했다. "나아가기를 머뭇거림"은 지위가 합당하지 않은 것이고, "말을 들어도 믿지 않음"은 들어도 분명히 알지 못하는 것이다.

九四, 臀无膚, 其行次且. 牽羊悔亡, 聞言不信.
구사 둔무부 기행차저 견양회망 문언불신

象曰, "其行次且", 位不當也, "聞言不信",
상왈 기행차저 위부당야 문언불신

聰不明也.
총불명야

구오효, 쇠비름나물상육의 영향을 받음이다. 끊어 내기를 과감하게 하면 중도를 행함에 허물이 없다.

「상전」에서 말했다. "중도를 행함에 허물이 없다" 하나 중도

* 엉덩이에 살이 없다는 것은 그 자리에 머물러 있기가 편치 않다는 것이다. 음의 자리에 양효가 와서 자리가 맞지 않고 아래 3개의 양효가 올라가려고 치받아서 불편한 상태다. 그런데도 나아가기를 주저하고 있다.

가 밝게 빛나지 못한다.**

九五, 莧陸夬夬, 中行无咎.
구오 현륙쾌쾌 중행무구

象曰, "中行无咎", 中未光也.
상왈 중행무구 중미광야

상육효, 울부짖어도 소용없으니 끝내 흉함음(陰)·소인의 종말이 있다.

「상전」에서 말했다. 울부짖어도 소용없는 흉함은 결국 음이 오래 지속할 수 없는 것이다.

上六, 无號, 終有凶.
상육 무호 종유흉

象曰, 无號之凶, 終不可長也.
상왈 무호지흉 종불가장야

** 상육은 택천 쾌괘에서 유일한 음효인데 음의 자리에 있어서 음기가 강하기 때문에 물기가 많은 쇠비름나물로 비유했다. 구오가 과감하게 끊어 냈으나 상육 가까이 있기 때문에 그 영향력에서 완전히 벗어나지 못하므로 "중도가 밝게 빛나지 못한다"고 했다.

44
우연한 만남, 천풍 구
天風 姤

구괘姤卦는 여자가 장성할 것이니, 그 여자에게 장가들지 말아야 한다.

姤, 女壯, 勿用取女.
구 여장 물용취녀

「단전」에서 말했다.

구는 만남이니, 부드러운 음陰이 굳센 양陽을 만나는 것이다. "그 여자에게 장가들지 말아야 한다"고 한 것은 함께 오래도록 지속할 수 없기 때문이다. 하늘과 땅이 서로 만나 다양한 만물이 모두 아름답게 빛난다. 굳센 양陽, 구이와 구오이 중中*

과 정正**을 만나니 세상에 크게 행해진다. 만남姤의 때와 뜻이 위대하구나!

彖曰, 姤, 遇也, 柔遇剛也. "勿用取女",
단왈 구 우야 유우강야 물용취녀

不可與長也. 天地相遇, 品物咸章也. 剛遇中正,
불가여장야 천지상우 품물함장야 강우중정

天下大行也. 姤之時義大矣哉!
천하대행야 구지시의대의재

「상전」에서 말했다. 하늘乾, ☰ 아래에 바람巽, ☴이 부는 것이 구괘이니, 군주는 이것을 보고 명령을 내리고 온 세상에 알린다.

象曰, 天下有風, 姤, 后以, 施命誥四方.
상왈 천하유풍 구 후이 시명고사방

초육효, 쇠로 된 굄목에 매어 놓으면 바르게 되어 길하고, 나

* 중(中) : 괘에서 2효와 5효의 자리에 있는 효를 중(中)이라 한다. 중은 내면의 덕을 의미하고 중도를 지킨다는 의미를 가진다.

** 정(正) : 양의 자리(초, 3, 5효)에 양이 있고, 음의 자리(2, 4, 상효)에 음이 있을 때를 정(正)이라 한다. 자기에게 맞는 자리를 차지하고 있어서 각각 양과 음의 기운을 강하게 쓸 수 있다.

아갈 바를 두면 흉한 일을 당하리라. 파리한 돼지초육*는 날뛰고 싶은 마음이 가득하다.

「상전」에서 말했다. "쇠로 된 굄목에 매어 놓는 것"은 부드러운 음陰의 도가 이끌고 나아가기 때문이다.

初六, 繫于金柅, 貞吉, 有攸往, 見凶. 羸豕孚蹢躅.
초육 계우금니 정길 유유왕 견흉 리시부척촉

象曰, "繫于金柅", 柔道牽也.
상왈 계우금니 유도견야

구이효, 꾸러미에 물고기초육가 있을 때처럼 하면 허물이 없을 것이니 손님외부의 다른 양(陽), 구삼과 구사에게 줌은 이롭지 않다.

「상전」에서 말했다. "꾸러미에 물고기가 있을 때처럼 함"은 마땅히 손님에게 줄 수 없는 것이다.

九二, 包有魚, 无咎, 不利賓.
구이 포유어 무구 불리빈

象曰, "包有魚", 義不及賓也.
상왈 포유어 의불급빈야

* '파리한'이라고 한 것은 힘이 없다는 뜻이 아니라 '음'(陰)이 지금 막 생겨나서 미약함을 상징하고, '돼지'라고 한 것은 음이면서 성질이 조급하여 날뛰려 한다는 것을 상징한다. 음이 미약하고 아래에 있으니, 힘이 약하다고 할 수 있으나 기회만 있으면 날뛰어서 양을 짓밟으려 하기에 경계하기를 소홀히 해서는 안 된다는 것이다.

구삼효, 엉덩이에 살이 없으나 나아가기를 머뭇거리니,** 위태롭게 여기면 큰 허물이 없다.

「상전」에서 말했다. "나아가기를 머뭇거림"은 나아감을 서두르지 않는 것이다.

九三, 臀无膚, 其行次且, 厲, 无大咎.
구삼 둔무부 기행차저 려 무대구

象曰, "其行次且", 行未牽也.
상왈 기행차저 행미견야

구사효, 꾸러미에 물고기초육가 없음이니, 흉한 일이 일어날 것이다.

「상전」에서 말했다. 물고기가 없어 흉한 것은 자신이 백성들을 멀리하기 때문이다.

九四, 包无魚, 起凶.
구사 포무어 기흉

象曰, 无魚之凶, 遠民也.
상왈 무어지흉 원민야

** 구삼은 천풍 구괘의 유일한 음인 초육을 만나고 싶어 하지만 초육은 이미 구이의 꾸러미에 들어가 있다. 엉덩이에 살이 없다는 것은 구이와의 관계가 불편한 것이고, 나아가기를 머뭇거리는 것은 여전히 초육에 대한 미련이 있기 때문이다.

구오효, 구기자나무 잎으로 오이를 감싸는 것이니*, 아름다운 덕을 머금고 있으면 하늘로부터 내려 주는 복이 있다.

「상전」에서 말했다. 구오효가 "아름다운 덕을 머금은 것"은 중中하고 정正하기 때문이고, "하늘로부터 내려 주는 복이 있는 것"은 뜻이 천명을 버리지 않았기 때문이다.

九五, 以杞包瓜, 含章, 有隕自天.
구오 이기포과 함장 유운자천

象曰, 九五 "含章", 中正也, "有隕自天",
상왈 구오 함장 중정야 유운자천

志不舍命也.
지불사명야

상구효, 그 뿔에서 만나니 부끄러우나 탓할 곳이 없다.

「상전」에서 말했다. "그 뿔에서 만남"은 윗자리에서 궁색해지고 부끄럽게 된 것이다.

上九, 姤其角, 吝, 无咎.
상구 구기각 린 무구

象曰, "姤其角", 上窮吝也.
상왈 구기각 상궁린야

* 구기자나무는 높고 크며 견실한 나무로 강건하고 중정한 구오의 군주를 가리키고 오이는 아래에 있으면서 달고 맛있는 열매로 백성 중에서 유능한 인재를 가리킨다.

45
사람들이 모여듦, 택지 췌
澤地萃

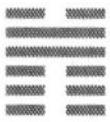

췌괘萃卦는 왕이 종묘를 세우는 것*이 지극하다. 대인구오의 군주을 만나는 것이 이로우니 형통하고 올바름을 굳게 지키는 것이 이롭다. 큰 희생을 쓰는 것이 길하니 나아갈 바를 두는 것이 이롭다.

萃, 亨**, 王假有廟. 利見大人, 亨利貞. 用大牲, 吉,
췌 형 왕격유묘 리견대인 형리정 용대생 길

利有攸往.
리유유왕

* 왕이 종묘를 세우는 것은 왕 자신은 물론이고 모든 사람들의 정신적 구심점을 만드는 일이다.
** 亨자는 잘못 들어간 글자로 본다. 원문에서 빼지는 않지만 해석하지 않는다.

「단전」에서 말했다.

췌는 모이는 것이다. 순종하면서 기뻐하고, 굳세면서도 중도를 이루어 호응하므로 '모여든다' 하였다. "왕이 종묘를 세우는 것이 지극함"은 효심으로 마음을 다해 제사 드리는 것을 지극히 하는 것이다. "대인을 만나는 것이 이로우니 형통하다"는 것은 올바름으로 모이기 때문이다. "큰 희생을 쓰는 것이 길하니, 나아갈 바를 두는 것이 이롭다" 함은 천명을 따르는 것이다. 그 모이는 것을 살피면 천지와 만물의 실정을 볼 수 있구나!

彖曰, 萃, 聚也. 順以說, 剛中而應, 故 '聚'也.
단 왈 췌 취 야 순 이 열 강 중 이 응 고 취 야

"王假有廟", 致孝享也. "利見大人, 亨", 聚以正也.
왕 격 유 묘 치 효 향 야 리 견 대 인 형 취 이 정 야

"用大牲, 吉, 利有攸往", 順天命也. 觀其所聚,
용 대 생 길 리 유 유 왕 순 천 명 야 관 기 소 취

而天地萬物之情 可見矣!
이 천 지 만 물 지 정 가 견 의

「상전」에서 말했다. 연못兌, ☱이 땅坤, ☷의 위로 올라가는 것이 췌괘이니, 군자는 이것을 보고 병장기를 수리하여 미처

생각지 못한 일을 경계한다.

象曰, 澤上於地, 萃, 君子以, 除戎器, 戒不虞.
상 왈 택상어지 췌 군자이 제융기 계불우

초육효, 정응인 구사에 대한 믿음을 가지고 있으나 끝까지 가지 못하면 이에 마음이 어지러워지고, 같은 부류육이와 육삼가 모여들 것이다. 만일 크게 소리쳐 정응을 찾는다면 한 줌의 무리육이, 육삼에게 비웃음거리가 될 것이나 이를 근심하지 말고 나아가면 허물이 없다.

「상전」에서 말했다. "마음이 어지러워지고, 같은 부류가 모여드는 것"은 그 뜻이 혼란스럽기 때문이다.

初六, 有孚不終, 乃亂乃萃. 若號, 一握爲笑, 勿恤,
초육 유부부종 내란내췌 약호 일악위소 물휼

往无咎.
왕무구

象曰, "乃亂乃萃", 其志亂也.
상 왈 내란내췌 기지란야

육이효, 구오와 서로 끌어당기면 길하여 허물이 없을 것이니, 진실한 믿음으로 소박한 제사를 드리는 것이 이롭다.

「상전」에서 말했다. "끌어당기면 길하여 허물이 없을 것"이라 함은 중도를 지켜서 변치 않았기 때문이다.

六二, 引吉, 无咎, 孚乃利用禴.
육이 인길 무구 부내리용약

象曰, "引吉, 无咎", 中未變也.
상왈 인길 무구 중미변야

육삼효, 모이려 하다가 탄식하니 이로울 바가 없다. 나아가면 허물이 없지만 약간 부끄럽다.

「상전」에서 말했다. "나아가면 허물이 없는 것"은 윗사람상육이 자신을 낮추기 때문이다.

六三, 萃如嗟如, 无攸利. 往无咎, 小吝.
육삼 췌여차여 무유리 왕무구 소린

象曰, "往无咎", 上巽也.
상왈 왕무구 상손야

구사효, 치우침 없이 두루 행해서 길하게 되어야 허물이 없다.

「상전」에서 말했다. "치우침 없이 두루 행해서 길하게 되어야 허물이 없는 것"은 지위가 합당치 않기 때문이다.

九四, 大吉, 无咎.
구사 대길 무구

象曰, "大吉, 无咎", 位不當也.
상왈 대길 무구 위부당야

구오효, 백성들의 마음이 모여서 그 지위에 있게 되니 허물이 없다. 믿지 않는 자가 있어도 우두머리의 덕元을 지속적으로永 바르게 지켜 나가면貞 후회가 없어진다.

「상전」에서 말했다. "백성들의 마음이 모여서 그 지위에 있게 됨"에도 믿지 못하는 자가 있음은 뜻이 빛나지 못하는 것이다.

九五, 萃有位, 无咎. 匪孚, 元永貞, 悔亡.
구오 췌유위 무구 비부 원영정 회망

象曰, "萃有位", 志未光也.
상왈 췌유위 지미광야

상육효, 한탄하며 눈물 콧물을 흘리니 탓할 곳이 없다.

「상전」에서 말했다. "한탄하며 눈물, 콧물을 흘림"은 윗자리에서 편안하지 못한 것이다.

上六, 齎咨涕洟, 无咎.
상육 자자체이 무구

象曰, "齎咨涕洟", 未安上也.
상왈 자자체이 미안상야

46
위로 올라감, 지풍 승
地風升

䷭

승괘升卦는 크게 좋고 형통하니, 육오가 이것승(升)의 도(道)을 써서 구이의 대인을 만나 보되 근심하지 말고 남쪽으로 나아가면* 길하다.

升, 元亨, 用見大人, 勿恤, 南征吉.
승 원형 용견대인 물휼 남정길

「단전」에서 말했다.

* 남쪽으로 나아감은 앞으로 나아감이고 위로 올라감이며 자신이 가야 할 곳으로 전진한다는 의미다.

부드러운 음陰이 때에 맞춰 올라가니 공손하고 순종하며, 굳센 양陽, 구이이 중中의 자리에서 호응한다. 이 때문에 크게 좋고 형통한 것元亨*이다. "올라감升의 도를 써서 대인을 만나보되 근심하지 말라" 함은 경사가 있는 것이다. "남쪽으로 나아가면 길함"은 뜻이 행해지는 것이다.

彖曰, 柔以時升, 巽而順, 剛中而應. 是以大亨.
단왈 유이시승 손이순 강중이응 시이대형

"用見大人, 勿恤", 有慶也. "南征吉", 志行也.
용견대인 물휼 유경야 남정길 지행야

「상전」에서 말했다. 땅坤, ☷ 속에서 나무巽, ☴**가 생겨 자라는 것이 승괘이니, 군자는 이것을 보고 덕을 순리대로 따르고 작은 것을 쌓아서 높고 크게 한다.

象曰, 地中生木, 升, 君子以, 順德, 積小以高大.
상왈 지중생목 승 군자이 순덕 적소이고대

* 단전의 원문에는 '大亨'(크게 형통함)이라고 되어 있지만 정이천은 '元亨'(크게 좋고 형통함)을 잘못 표기한 것으로 보았기 때문에 원문은 그대로 두고 뜻만 '크게 좋고 형통한 것'이라고 풀이하였다.

** 나무(巽, ☴): 일반적으로 팔괘의 손(巽)은 바람(風)을 의미하는데, 손괘는 오행상 음목(陰木)에 해당하기 때문에 여기서는 나무라고 한 것이다.

초육효, 구이를 믿고 따라 올라가는 것이니, 크게 길하다.
「상전」에서 말했다. "믿고 따라 올라가는 것이니, 크게 길함"은 위에 있는 구이와 뜻이 통한 것이다.

初六, 允升, 大吉.
초육 윤승 대길

象曰, "允升, 大吉", 上合志也.
상왈 윤승 대길 상합지야

구이효, 진실한 믿음이 있으면 소박한 제사를 드리는 것이 이로우니, 허물이 없으리라.
「상전」에서 말했다. 구이효의 진실한 믿음이니 기쁨이 있는 것이다.

九二, 孚乃利用禴, 无咎.
구이 부내리용약 무구

象曰, 九二之孚, 有喜也.
상왈 구이지부 유희야

구삼효, 빈 고을*에 올라가는 것이다.

「상전」에서 말했다. "빈 고을에 올라감"은 의심할 바가 없는 것이다.

九三, 升虛邑.
구삼 승허읍

象曰, "升虛邑", 无所疑也.
상왈 승허읍 무소의야

육사효, 왕문왕이 기산에서 형통한 것**처럼 하면 길하고 허물이 없으리라.

「상전」에서 말했다. "왕이 기산에서 형통한 것처럼" 한다는 것은 일을 순리대로 하는 것이다.

六四, 王用亨于岐山, 吉, 无咎.
육사 왕용형우기산 길 무구

象曰, "王用亨于岐山", 順事也.
상왈 왕용형우기산 순사야

* 빈 고을 : 3개의 음효가 자리하고 있는 소성괘 곤(坤, ☷)을 빈 고을이라고 했다. 구삼이 위로 올라가는 데 아무런 장애물이 없는 상황을 의미한다.

** 문왕(文王)이 기산에 있을 때 신하된 자의 도리를 다하여 민심을 얻게 된 것을 말한다.

육오효, 올바름을 굳게 지켜야 길하리니, 계단을 딛고 오르는 것***이다.

「상전」에서 말했다. "올바름을 굳게 지켜야 길하리니, 계단을 딛고 오르는 것"은 뜻을 크게 얻은 것이다.

六五, 貞吉, 升階.
육 오 정 길 승 계

象曰, "貞吉, 升階", 大得志也.
상 왈 정 길 승 계 대 득 지 야

상육효, 올라감에 어두운 것이니, 쉼 없이 정도正道를 행하는 것에는 이롭다.****

「상전」에서 말했다. "올라감에 어두운" 상태로 윗자리에 있으니, 소멸되어서 더해지거나 늘어날 수 없다.

上六, 冥升, 利于不息之貞.
상 육 명 승 리 우 불 식 지 정

象曰, "冥升" 在上, 消不富也.
상 왈 명 승 재 상 소 불 부 야

*** 육오의 군주가 음유하기 때문에 나랏일을 할 때 구이와 육사의 도움을 받아야만 계단을 오르듯이 차근차근 해 나갈 수 있다는 것이다.

**** 올라감에 어두운 것은 나아갈 줄만 알고 멈출 줄 모르는 것이니 현명하지 못함이다. 오직 정도를 쉼 없이 행하는 데 쓰는 것일 때에만 이롭다.

47
곤경에 처함, 택수 곤
澤水困

䷮

곤괘困卦는 형통하고 올바를 수 있으니 대인이라 길하고 허물이 없다. 말을 하면 믿지 않을 것이다.

困, 亨, 貞, 大人吉, 无咎. 有言不信.
곤 형 정 대인길 무구 유언불신

「단전」에서 말했다.

곤은 굳센 양陽이 가려진 것이다. 험하지만 기뻐할 수 있어 곤경에 처할지라도 그 형통한 바를 잃지 않으니, 그러한 자는 오직 군자일 것이다! "올바를 수 있으니 대인이라 길하다" 함은 굳센 양구이와 구오이 중도中를 이루기 때문이다. "말을 해도 믿지 않음"은 말을 앞세우면 곧 궁색해지기 때문이다.

彖曰, 困, 剛揜也. 險以說, 困而不失其所亨,
단왈 곤 강엄야 험이열 곤이불실기소형

其唯君子乎! "貞, 大人吉", 以剛中也. "有言不信",
기유군자호 정 대인길 이강중야 유언불신

尚口乃窮也.
상구내궁야

「상전」에서 말했다. 연못兌, ☱에 물坎, ☵이 없는 것이 곤괘이니, 군자는 이것을 보고 천명을 지극히 하여 뜻을 이룬다.

象曰, 澤无水, 困, 君子以, 致命遂志.
상왈 택무수 곤 군자이 치명수지

초육효, 엉덩이가 나무등걸株木에 곤란을 당하니 어두운 골짜기로 들어가서 3년이 지나도 볼 수 없다.
「상전」에서 말했다. "어두운 골짜기로 들어감"은 어리석어서 현명하지 못한 것이다.

初六, 臀困于株木. 入于幽谷, 三歲不覿.
초육 둔곤우주목 입우유곡 삼세부적

象曰, "入于幽谷", 幽不明也.
상 왈 입 우 유 곡 유 불 명 야

구이효, 술과 밥에 곤궁하지만* 붉은 무릎가리개를 한 구오의 군주가 올 것이다. 제사를 드리는 정성을 쓰는 것이 이로우니 나아가면 흉하여서 탓할 곳이 없다.

「상전」에서 말했다. "술과 밥에 곤궁하지만" 중도를 지키기에 좋은 일이 있으리라.

九二, 困于酒食, 朱紱方來. 利用亨祀, 征凶, 无咎.
구 이 곤 우 주 식 주 불 방 래 리 용 향 사 정 흉 무 구

象曰, "困于酒食", 中有慶也.
상 왈 곤 우 주 식 중 유 경 야

육삼효, 돌위에서 내리 누르는 굳센 양, 구사와 구오에 눌려서 곤란하고 가시풀구이에 찔리며 앉아 있다. 그 집에 들어가도 아내를 볼

* 술과 밥에 곤궁하다 : 두 가지 의미가 있다. ① 구이의 인재가 먹고살기 힘들다. ② 구이의 인재가 백성들이 먹고사는 어려움을 해결해 주지 못하여 곤궁하다.

수 없으니 흉하다.

「상전」에서 말했다. "가시풀에 찔리며 앉아 있는 것"은 굳센 양구이을 올라탔기 때문이고, "그 집에 들어가도 아내를 볼 수 없음"은 상서롭지 못한 것이다.

六三, 困于石, 據于蒺蔾. 入于其宮, 不見其妻, 凶.
육삼 곤우석 입우기궁 불견기처 흉

象曰, "據于蒺蔾", 乘剛也, "入于其宮, 不見其妻", 不祥也.
상왈 거우질려 승강야 입우기궁 불견기처 불상야

구사효, 천천히 내려감은 쇠수레굳센 양, 구이에 막혀 곤란하기 때문이니, 부끄럽지만 끝맺음은 있을 것이다.

「상전」에서 말했다. "천천히 내려감"은 뜻이 아랫자리의 초육에게 있음이니, 지위가 합당하지 않지만 함께할 사람이 있다.

九四, 來徐徐, 困于金車, 吝, 有終.
구사 래서서 곤우금거 린 유종

象曰, "來徐徐", 志在下也, 雖不當位, 有與也.
상왈 래서서 지재하야 수부당위 유여야

구오효, 코를 베이고 발뒤꿈치를 잘리니 적색 무릎가리개를 한 신하구이가 막혀 있지만, 서서히 기쁨이 있으리니 하늘과 땅에 제사를 드리는 정성을 쓰는 것이 이롭다.*

「상전」에서 말했다. "코를 베이고 발뒤꿈치를 잘림"은 뜻을 얻지 못한 것이고, "서서히 기쁨이 있는 것"은 내면이 바르기 때문이고, "하늘과 땅에 제사를 드리는 정성을 쓰는 것이 이로움"은 복을 받을 것이다.

九五, 劓刖, 困于赤紱, 乃徐有說, 利用祭祀.
구오 의월 곤우적불 내서유열 리용제사

象曰, "劓刖", 志未得也, "乃徐有說", 以中直也,
상왈 의월 지미득야 내서유열 이중직야

"利用祭祀", 受福也.
리용제사 수복야

상육효, 칡덩굴과 높고 위태로운 자리에서 곤란을 겪으니, 움직일 때마다 후회할 것이라 말하면서 뉘우치면, 나아감에

* 구오의 군주가 코를 베이고 발꿈치를 잘리는 것은 신하들의 도움을 받지 못하는 것이다. 시간이 지나면 자주색 무릎가리개를 한 신하(구이)의 도움을 받게 되니 서서히 기쁨이 있게 된다. 천지에 제사를 지내듯 정성을 다해 신하들의 도움을 구하면 복이 있게 된다.

길하리라.

「상전」에서 말했다. "칡덩굴에서 곤란을 겪음"은 처신이 합당하지 않은 것이고, "움직일 때마다 후회할 것이라 말하면서 뉘우치는 것"은 그 행함이 길하다는 것이다.

上六, 困于葛藟, 于臲卼, 曰 動悔, 有悔, 征吉.
상육 곤우갈류 우얼올 왈 동회 유회 정길

象曰, "困于葛藟", 未當也, "動悔, 有悔", 吉行也.
상왈 곤우갈류 미당야 동회 유회 길행야

48
마르지 않는 우물의 덕, 수풍 정
水風井

䷯

정괘井卦는 고을은 바꾸어도 우물은 바꿀 수 없으니, 잃는 것도 없고 얻는 것도 없으며*, 오고 가는 이가 모두 우물물을 마신다. 거의 이르렀는데도 두레박줄이 우물에 닿지 못한 것과 같으니 두레박이 깨지면 흉하다.

井, 改邑, 不改井, 无喪无得, 往來井井.
정 개읍 불개정 무상무득 왕래정정

汔至亦未繘井, 羸其瓶, 凶.
흘지역미율정 리기병 흉

* 잃는 것도 없고 얻는 것도 없으며 : '우물물이 줄어들지도 않고 불어서 넘쳐나지도 않으며'라는 뜻이다.

「단전」에서 말했다.

물속에 들어가서 물을 퍼 올리는 것이 우물이다. 우물은 사람들을 길러 주고도 고갈되지 않는다. "고을은 바꾸어도 우물은 바꿀 수 없다" 함은 굳센 양陽이 중도를 행하기 때문이다. "거의 이르렀는데도 두레박줄이 우물에 닿지 못한 것과 같다"라는 말은 성과가 없는 것이고, "두레박을 깨뜨린 것"이기 때문에 흉한 것이다.

彖曰, 巽乎水而上水, 井. 井, 養而不窮也. "改邑,
단왈 손호수이상수 정 정 양이불궁야 개읍

不改井", 乃以剛中也. "汔至亦未繘井", 未有功也,
불개정 내이강중야 흘지역미율정 미유공야

"羸其甁", 是以凶也.
리기병 시이흉야

「상전」에서 말했다. 나무巽, ☴ 위에 물坎, ☵이 있는 것이 정괘이니, 군자는 이것을 보고 백성을 위로하고 서로 돕도록 권한다.

象曰, 木上有水, 井, 君子以, 勞民勸相.
상왈 목상유수 정 군자이 로민권상

초육효, 우물에 진흙이 있어 아무도 먹지 않는다. 오래된 우물에는 짐승들도 찾아오지 않는다.

「상전」에서 말했다. "우물에 진흙이 있어 아무도 먹지 않는 것"은 아랫자리에 있기 때문이고, "오래된 우물에는 짐승들도 찾아오지 않는다"는 것은 시대가 버린 것이다.

初六, 井泥不食. 舊井无禽.
초육 정니불식 구정무금

象曰, "井泥不食", 下也, "舊井无禽", 時舍也.
상왈 정니불식 하야 구정무금 시사야

구이효, 골짜기와 같은 우물*이라서 두꺼비에게만 흐르고 항아리가 깨져서 물이 샌다.

「상전」에서 말했다. "골짜기와 같은 우물이라서 두꺼비에게만 흐르는 것"은 함께하는 사람이 없기 때문이다.

九二, 井谷, 射鮒, 甕敝漏.
구이 정곡 사부 옹폐루

象曰, "井谷, 射鮒", 无與也.
상왈 정곡 사부 무여야

* 골짜기와 같은 우물 : 우물물이 골짜기처럼 아래로 샌다는 의미다.

구삼효, 우물 바닥을 파내어 물이 깨끗한데도 사람들이 먹지 않아 내 마음이 슬프게 된다. 끌어올려 쓸 수 있으니 구오의 군주가 현명하면 모두 함께 그 복을 받는다.

「상전」에서 말했다. "우물 바닥을 파내어 물이 깨끗한데도 사람들이 먹지 않음"은 쓰이지 못함을 슬퍼하는 것이고, "군주가 현명함"을 구하는 것은 복을 받기 위함이다.

九三, 井渫不食, 爲我心惻. 可用汲, 王明,
구삼 정설불식 위아심측 가용급 왕명

並受其福.
병수기복

象曰, "井渫不食", 行惻也, 求 "王明", 受福也.
상왈 정설불식 행측야 구 왕명 수복야

육사효, 우물에 벽돌을 쌓으면 허물이 없으리라.

「상전」에서 말했다. "우물에 벽돌을 쌓으면 허물이 없음"은 우물을 수리하기 때문이다.

六四, 井甃, 无咎.
육사 정추 무구

象曰, "井甃, 无咎", 脩井也.
상왈 정추 무구 수정야

구오효, 우물물이 맑아 시원한 샘물을 마신다.

「상전」에서 말했다. 시원한 샘물을 마시는 것은 구오가 중中하고 정正하기 때문이다.

九五, 井冽, 寒泉食.
구오 정렬 한천식

象曰, 寒泉之食, 中正也.
상왈 한천지식 중정야

상육효, 우물물을 긷고서 장막으로 뚜껑을 덮지 않고 늘 변치 않는 믿음이 있어서 매우 좋고 길하다.

「상전」에서 말했다. 상효의 자리에 있으면서 "매우 좋고 길함"은 크게 이룬 것이다.

上六, 井收勿幕, 有孚, 元吉.
상육 정수물막 유부 원길

象曰, "元吉" 在上, 大成也.
상왈 원길 재상 대성야

49
혁명 또는 크게 바꿈, 택화 혁
澤火 革

䷰

혁괘革卦는 날이 지나야 이에 믿게 되니 크게 형통하고, 올바름을 굳게 지키는 것이 이로우니 후회가 없다.

革, 已日乃孚, 元亨, 利貞, 悔亡.
혁 이일내부 원형 리정 회망

「단전」에서 말했다.

혁은 물과 불이 서로 꺼뜨리는 것이며, 두 여자*가 함께 거

* 두 여자 : 팔괘를 가족 관계에 배속해 보면 연못(兌, ☱)은 셋째 딸, 불(離, ☲)은 둘째 딸이므로 두 여자라고 한 것이다. 위에 있는 태괘는 연못이라 아래로 내려가려고 하고 아래 있는 리괘는 불이라서 위로 타오르려고 하니 서로 지향하는 바가 다르다.

처하지만 그 뜻이 서로 다른 것을 '크게 바꿈'革이라고 한다. "날이 지나야 이에 믿게 되는 것"은 크게 바꾸어서 믿도록 하는 것이다. 문명하고 기뻐하여 크게 형통하고 바르니, 크게 바꾸어서 합당해지기 때문에 후회가 없어지는 것이다. 천지가 크게 바뀌어 사계절이 이루어지며, 탕왕과 무왕이 천명을 바꾸어서 하늘에 순종하고 사람들의 마음에 호응했으니, 크게 바꿈革의 때가 위대하도다!

彖曰, 革, 水火相息, 二女同居, 其志不相得, 曰
단 왈 혁 수화상식 이녀동거 기지불상득 왈

'革'. "已日乃孚", 革而信之. 文明以說, 大亨以正,
혁 이일내부 혁이신지 문명이열 대형이정

革而當, 其悔乃亡. 天地革而四時成, 湯武革命,
혁이당 기회내망 천지혁이사시성 탕무혁명

順乎天而應乎人, 革之時大矣哉!
순호천이응호인 혁지시대의재

「상전」에서 말했다. 연못兌, ☱ 가운데 불離, ☲이 있는 것이 혁괘이니, 군자는 이것을 보고 달력을 만들어 때를 밝힌다.

象曰, 澤中有火, 革, 君子以, 治歷明時.
상 왈 택중유화 혁 군자이 치력명시

초구효, 황소 가죽을 써서 단단히 묶는다.*

「상전」에서 말했다. "황소 가죽을 써서 단단히 묶는 것"은 일을 도모해서는 안 되기 때문이다.

初九, 鞏用黃牛之革.
초구 공용황우지혁

象曰, "鞏用黃牛", 不可以有爲也.
상왈 공용황우 불가이유위야

육이효, 날이 지나서야 이에 크게 바꿀 수 있으니, 그대로 해나가면 길하여 허물이 없을 것이다.

「상전」에서 말했다. '날이 지나서야 크게 바꿀 수 있는 것'은 행하여 경사가 있는 것이다.

六二, 已日乃革之, 征吉, 无咎.
육이 이일내혁지 정길 무구

象曰, '已日革之', 行有嘉也.
상왈 이일혁지 행유가야

* 천산 둔괘의 육이효 효사에 같은 의미의 "공용황우지혁"(鞏用黃牛之革)이 나온다.

구삼효, 그대로 나아가면 흉하니 올바름을 굳게 지키고 위태롭게 여기는 마음을 품어야 하리라. 개혁해야 한다는 공론이 세 번 이루어지면 믿을 수 있다.

「상전」에서 말했다. "개혁해야 한다는 공론이 세 번 이루어지면", 또 어디로 가겠는가!

九三, 征凶, 貞厲. 革言三就, 有孚.
구삼 정흉 정려 혁언삼취 유부

象曰, "革言三就", 又何之矣!
상왈 혁언삼취 우하지의

구사효, 후회가 없어지니 진실한 믿음이 있으면 천명을 바꾸는 것이 길하리라.

「상전」에서 말했다. 천명을 바꾸는 것이 길함은 그 뜻을 믿기 때문이다.

九四, 悔亡, 有孚, 改命, 吉.
구사 회망 유부 개명 길

象曰, 改命之吉, 信志也.
상왈 개명지길 신지야

구오효, 위대한 사람이 호랑이처럼 변화시키는 것*이니, 점을 치지 않아도 믿음이 있다.

「상전」에서 말했다. "위대한 사람이 호랑이처럼 변화시키는 것"은 그 덕이 빛나는 것이다.

九五, 大人虎變, 未占有孚.
구오 대인호변 미점유부

象曰, "大人虎變", 其文炳也.
상왈 대인호변 기문병야

상육효, 군자는 표범처럼 변하고** 소인은 얼굴만 바꾸니, 끝까지 나아가려고 하면 흉하고 올바름을 지키고 있으면 길하다.

「상전」에서 말했다. "군자가 표범처럼 변하는 것"은 그 덕이 아름다운 것이고, "소인이 얼굴만 바꾸는 것"은 복종하여 군주를 따르는 것이다.

* 호랑이처럼 변화시키는 것 : 그 존재 자체가 가진 강력한 카리스마와 영향력으로 주변을 자연스럽게 변화시킨다는 의미다.

** 표범처럼 변한다 : 표범이 털갈이를 하듯이 철저한 자기점검을 통해 '자신을 완전히 바꾼다, 이전과 다르게 산다'는 의미이다.

上六, 君子豹變, 小人革面, 征凶, 居貞吉.
상육 군자표변 소인혁면 정흉 거정길

象曰, "君子豹變", 其文蔚也, "小人革面",
상왈 군자표변 기문위야 소인혁면

順以從君也.
순이종군야

50
변혁의 가마솥, 화풍 정
火風鼎

䷱

정괘鼎卦는 크게 좋고 형통하다.

鼎, 元吉*亨.
정 원길 형

「단전」에서 말했다.

정은 솥의 모습을 취한 것이다. 나무가 불에 들어가는 것은 삶아서 음식을 만들려는 것이니, 성인聖人은 희생을 삶아서

* 정이천은 '吉'을 원문에 잘못 들어간 글자로 보고 해석하지 않았지만 이 책에서는 그대로 써 둔다.

상제께 제사드리고, 음식을 많이 만들어 위대한 자와 현명한 자를 기른다. 겸손하면서 이목耳目이 총명하며, 부드러운 음陰이 나아가 위로 올라가고* 중도中를 얻어 굳센 양陽, 구이에게 호응하는 것이라 이 때문에 "크게 좋고 형통한 것이다".

彖曰, 鼎, 象也. 以木巽火, 亨飪也, 聖人
단왈 정 상야 이목손화 팽임야 성인

亨以享上帝, 而大亨, 以養聖賢. 巽而耳目聰明,
팽이향상제 이대팽 이양성현 손이이목총명

柔進而上行, 得中而應乎剛, 是以 "元亨".
유진이상행 득중이응호강 시이 원형

「상전」에서 말했다.

나무巽, ☴ 위에 불離, ☲이 있는 것이 정괘이니, 군자는 이것을 보고 지위를 바르게 하여 명령을 엄중하게 한다.

象曰, 木上有火, 鼎, 君子以, 正位凝命.
상왈 목상유화 정 군자이 정위응명

* 화풍 정괘에서 위에 자리한 리괘(☲)의 육오를 가리키는 것으로 음효가 군주의 자리인 5효에 위치하게 된 것을 말한다.

초육효, 솥의 발이 뒤집어졌으나 나쁜 것을 쏟아냄이 이로우니 첩초육을 얻으면 그 사람구사을 도와서 허물이 없을 것이다.

「상전」에서 말했다. "솥의 발이 뒤집어졌다" 하지만 이치에 어긋나는 것은 아니다. "나쁜 것을 쏟아내니 이로운 것"은 귀한 구사를 따르기 때문이다.

初六, 鼎顚趾, 利出否, 得妾, 以其子, 无咎.
초 육 정 전 지 리 출 비 득 첩 이 기 자 무 구

象曰, "鼎顚趾", 未悖也. "利出否", 以從貴也.
상 왈 정 전 지 미 패 야 리 출 비 이 종 귀 야

구이효, 솥에 꽉 찬 음식이 있지만, 나의 상대초육에게 병이 있으니 나에게 다가오지 못하게 하면 길하리라.

「상전」에서 말했다. "솥에 꽉 찬 음식이 있다" 하지만, 나아갈 바를 신중하게 삼가야 한다. "나의 상대에게 병이 있음"이라도 결국 허물이 없어질 것이다.

九二, 鼎有實, 我仇有疾, 不我能卽, 吉.
구 이 정 유 실 아 구 유 질 불 아 능 즉 길

象曰, "鼎有實", 愼所之也. "我仇有疾", 終无尤也.
상 왈 정 유 실 신 소 지 야 아 구 유 질 종 무 우 야 구삼효, 솥귀가 바뀌어서* 구삼이 나아가는 것이 막혀 기름진 꿩고기군주의 은택를 먹지 못한다. 그러나 장차 비가 내리게 되어** 부족하다고 뉘우침에 결국 길하게 될 것이다.
「상전」에서 말했다. "솥귀가 바뀐 것"은 그 마땅함을 잃었기 때문이다.

九三, 鼎耳革, 其行塞, 雉膏不食. 方雨, 虧悔終吉.
구삼 정이혁 기행색 치고불식 방우 휴회종길

象曰, "鼎耳革", 失其義也.
상왈 정이혁 실기의야

구사효, 솥의 다리가 부러져서*** 군주에게 바칠 음식을 엎었으니, 구사의 얼굴이 붉어지고 흉하다.
「상전」에서 말했다. "군주에게 바칠 음식을 엎었으니" 어찌 신뢰를 얻겠는가!

* 솥귀가 바뀌어서 : 솥귀는 솥을 쥐고 움직이는 부분으로 육오의 군주를 의미하므로 '육오와 뜻이 맞지 않아서'라는 뜻이다.
** 비가 내리게 되어 : '구삼이 육오와 뜻이 맞게 되어'라는 뜻이다. 육오의 군주가 밝음을 상징하는 리괘(離卦)에 있어서 현명하기 때문에 아래 있는 구삼의 도움을 받아들이게 된다는 의미다.
*** 솥의 다리가 부러져서 : 구사의 대신이 정응이라고 해서 능력이 부족하고 약한 초육을 썼는데 큰 책임을 감당하지 못하는 상황을 말한다.

九四, 鼎折足, 覆公餗, 其形渥, 凶.
구사 정절족 복공속 기형악 흉

象曰, "覆公餗", 信如何也!
상왈 복공속 신여하야

육오효, 솥의 누런 귀黃耳에 쇠로 만든 고리 장식金鉉이 달렸으니****, 올바름을 굳게 지키는 것이 이롭다.

「상전」에서 말했다. "솥의 누런 귀"라 함은 중도로 꽉 찬 것이다.

六五, 鼎黃耳金鉉, 利貞.
육오 정황이금현 리정

象曰, "鼎黃耳", 中以爲實也.
상왈 정황이 중이위실야

상구효, 솥의 옥으로 된 고리이니, 크게 길하여 이롭지 않음이 없다.

**** 육오의 군주를 황이(黃耳)라고 했다. 황(黃)은 중도를, 이(耳)는 솥을 쥐고 움직이는 손잡이를 말한다. 금현(金鉉)은 구이의 인재를 말한다. 금(金)은 굳세고 단호함을 의미하고 현(鉉)은 솥귀 아래까지 늘어진 고리 장식이다.

「상전」에서 말했다. "옥으로 된 고리"가 위에 있는 것은 굳센 양과 부드러운 음이 적절하기 때문이다.

上九, 鼎玉鉉, 大吉, 无不利.
상구 정옥현 대길 무불리

象曰, "玉鉉" 在上, 剛柔節也.
상왈 옥현 재상 강유절야

51
우레의 진동, 중뢰 진
重雷震

䷲

진괘震卦는 형통하다. 우레가 진동할 때 돌아보고 두려워하면 훗날에 웃고 말하며 즐거워할 때가 있으리라. 우레가 진동하여 백 리를 놀라게 할 때, 큰 숟가락과 울창주鬱鬯酒를 잃지 말아야 한다.*

震, 亨. 震來虩虩, 笑言啞啞. 震驚百里, 不喪匕鬯.
진 형 진래혁혁 소언액액 진경백리 불상비창

* 제사 지낼 때 큰 숟가락으로 솥에 담긴 고기를 꺼내 제기에 올리고 울창주를 땅에 부어 신(神)을 부른다. 우레가 진동할 때, 허둥대지 말고 제사를 지내듯 경건하게 중심을 잡고 있어야 한다는 뜻이다.

「단전」에서 말했다.

진은 형통하다. "우레가 진동할 때 돌아보고 두려워함"은 경계하여 복을 이르게 하는 것이고, "웃고 말하며 즐거워할 때가 있으리라" 함은 훗날 법도가 있게 되는 것이다. "우레가 진동하여 백 리를 놀라게 함"은 멀리 있는 자를 놀라게 하고 가까이 있는 자를 두렵게 하는 것이다. ["큰 숟가락과 울창주를 잃지 말아야 하는 것"은]* 군주가 나감에 장자長子가 종묘와 사직을 지켜서 하늘과 땅에 지내는 제사를 주관할 수 있는 것이다.

彖曰, 震, 亨. "震來虩虩", 恐致福也,
단 왈 진 형 진 래 혁 혁 공 치 복 야

"笑言啞啞", 後有則也. "震驚百里", 驚遠而懼邇也.
소 언 액 액 후 유 칙 야 진 경 백 리 경 원 이 구 이 야

["不喪匕鬯",] 出可以守宗廟社稷, 以爲祭主也.
불 상 비 창 출 가 이 수 종 묘 사 직 이 위 제 주 야

「상전」에서 말했다. 연거푸 치는 우레震, ☳가 진괘이니, 군자는 이것을 보고 놀라고 두려워하며 자신을 닦고 반성한다.

象曰, 洊雷, 震, 君子以, 恐懼脩省.
상 왈 천 뢰 진 군 자 이 공 구 수 성

초구효, 우레가 진동할 때 돌아보고 두려워해야 훗날 웃고 말하는 소리가 즐거울 것이니 길하다.

「상전」에서 말했다. "우레가 진동할 때 돌아보고 두려워함"은 경계하여 복을 이르게 하는 것이고, "웃고 말하며 즐거워할 때가 있으리라" 함은 훗날 법도가 있게 되는 것이다.

初九, 震來虩虩, 後笑言啞啞, 吉.
초구 진래혁혁 후소언액액 길

象曰, "震來虩虩", 恐致福也, "笑言啞啞",
상왈 진래혁혁 공치복야 소언액액

後有則也.
후유칙야

육이효, 우레의 진동이 맹렬한 것이라 재물을 잃을 것을 헤아려서 높은 언덕에 올라간다. 잃어버린 것을 쫓아가지 않으면 7일이 지나서** 얻으리라.

「상전」에서 말했다. "우레의 진동이 맹렬함"은 굳센 양陽, 초구

* 정이천은 원문에 '不喪匕鬯' 네 글자가 빠졌다고 보고 "큰 숟가락과 울창주를 잃지 말아야 하는 것은"이라는 부분을 넣어서 해석해야 한다고 했다.

** 7일이 지나서 : 6효가 다 지나가면 다른 괘가 되어 처한 상황이 달라지는 것을 가리킨다.

을 올라탔기 때문이다.

六二, 震來厲, 億喪貝, 躋于九陵. 勿逐, 七日得.
육이 진래려 억상패 제우구릉 물축 칠일득

象曰, "震來厲", 乘剛也.
상왈 진래려 승강야

육삼효, 우레가 진동하여 정신이 아득해지니 놀라고 두려워하면서 행한다면 과실이 없으리라.

「상전」에서 말했다. "우레가 진동하여 정신이 아득해짐"은 지위가 합당치 않기 때문이다.

六三, 震蘇蘇, 震行, 无眚.
육삼 진소소 진행 무생

象曰, "震蘇蘇", 位不當也.
상왈 진소소 위부당야

구사효, 진동하여 끝내 진창에 빠져 버렸다.

「상전」에서 말했다. "진동하여 끝내 진창에 빠져 버림"은 빛나지 못한 것이다.

九四, 震遂泥.
구 사 진 수 니

象曰, "震遂泥", 未光也.
상 왈 진 수 니 미 광 야

육오효, 진동하여 위로 가거나 아래로 내려가는 것 모두 위태로우니, 상황을 헤아려서 그 자리에서 해야 할 일을 잃지 말아야 한다.

「상전」에서 말했다. "진동하여 위로 가거나 아래로 내려가는 것 모두 위태로움"은 움직임이 위험한 것이다. 하는 일이 중도를 갖추고 있으니 크게 잃는 것이 없다.

六五, 震往來, 厲, 億, 无喪有事.
육 오 진 왕 래 려 억 무 상 유 사

象曰, "震往來, 厲", 危行也. 其事在中, 大无喪也.
상 왈 진 왕 래 려 위 행 야 기 사 재 중 대 무 상 야

상육효, 우레가 진동하여 넋이 나가 두리번거리는 것이니, 나아가면 흉하다. 우레가 자신에게 떨어지지 않고 그 이웃에 떨어질 때 미리 뉘우치면 허물이 없을 것이지만, 혼인한

짝함께 움직였던 가까운 사람은 원망하는 말을 할 것이다.

「상전」에서 말했다. "우레가 진동하여 넋이 나감"은 중도를 얻지 못했기 때문이고, 비록 흉하지만 허물이 없는 것은 이웃이 징계됨를 보고 두려워하기 때문이다.

上六, 震索索, 視矍矍, 征凶. 震不于其躬, 于其鄰,
상육 진삭삭 시확확 정흉 진불우기궁 우기린

无咎, 婚媾有言.
무구 혼구유언

象曰, "震索索", 中未得也, 雖凶无咎, 畏鄰戒也.
상왈 진삭삭 중미득야 수흉무구 외린계야

52
제자리에 멈춤, 중산 간
重山 艮

䷳

등에서 멈추면 그 몸을 얻지 못하며, 뜰을 걷더라도 그 사람을 보지 못하여 허물이 없으리라.*

艮其背, 不獲其身, 行其庭, 不見其人, 无咎.
간기배 불획기신 행기정 불견기인 무구

「단전」에서 말했다.

간艮은 멈춤이다. 그쳐야 할 때 그치고 나아가야 할 때 나아

* 등에서 멈추는 것은 사심을 일으키는 외부 사물을 등지고 있는 것이다. 그 몸을 얻지 못함은 자아를 잊음이니 나의 몸이 외부 상황에 따라 동요되지 않는다. 그러므로 뜰에서 지극히 가까운 사람을 보더라도 사심이 일어나지 않는다는 의미다.

가서 움직임과 고요함이 때를 잃지 않으니, 그 도가 밝게 드러난다. 그쳐야 할 곳에서 멈춤은 있어야 할 자리에 멈추기 때문이다. 위와 아래가 대적하면서 호응하여, 서로 간여하지 않는다.* 이 때문에 "그 몸을 얻지 못하며, 뜰을 걷더라도 그 사람을 보지 못하여 허물이 없는 것"이다.

彖曰, 艮, 止也. 時止則止, 時行則行,
단왈 간 지야 시지즉지 시행즉행

動靜不失其時, 其道光明. 艮其止, 止其所也.
동정불실기시 기도광명 간기지 지기소야

上下敵應, 不相與也. 是以 "不獲其身, 行其庭,
상하적응 불상여야 시이 불획기신 행기정

不見其人, 无咎"也.
불견기인 무구야

「상전」에서 말했다. 산艮, ☶이 겹쳐진 것이 간괘이니, 군자는 이것을 보고 생각하는 것이 자기가 있는 자리에서 벗어나지 않는다.

* 초효와 4효, 2효와 5효, 3효와 상효가 모두 음은 음끼리, 양은 양끼리 대응하는 관계라서 서로에게 간여하지 않는다.

象曰, 兼山, 艮, 君子以, 思不出其位.
상왈 겸산 간 군자이 사불출기위

초육효, 발꿈치에서 멈추는 것이라 허물이 없으니, 오래도록 올바름을 유지하는 것이 이롭다.
「상전」에서 말했다. "발꿈치에서 멈춤"은 올바름을 잃지 않는 것이다.

初六, 艮其趾, 无咎, 利永貞.
초육 간기지 무구 리영정

象曰, "艮其趾", 未失正也.
상왈 간기지 미실정야

육이효, 장딴지에서 멈추는 것이니 구삼을 구제하지 못하고 따르게 되어 마음이 불쾌하다.
「상전」에서 말했다. "구제하지 못하고 따르게 된 것"은 위에 있는 구삼이 아랫사람의 말을 듣지 않기 때문이다.

六二, 艮其腓, 不拯其隨, 其心不快.
육이 간기비 부증기수 기심불쾌

象曰, "不拯其隨", 未退聽也.
상 왈 부 증 기 수 미 퇴 청 야

구삼효, 경계선에 멈추는 것이라 등뼈를 벌려 놓음이니 위태로움이 마음을 태운다.

「상전」에서 말했다. "경계선에 멈추는 것"이라서 위태로움이 마음을 태운다.

九三, 艮其限, 列其夤, 厲薰心.
구 삼 간 기 한 열 기 인 려 훈 심

象曰, "艮其限", 危薰心也.
상 왈 간 기 한 위 훈 심 야

육사효, 그 자신에서 멈추는 것이니, 허물이 없다.

「상전」에서 말했다. "그 자신에서 멈춤"은 선을 행함이 자기 몸에 그치는 것이다.

六四, 艮其身, 无咎.
육 사 간 기 신 무 구

象曰, "艮其身", 止諸躬也.
상 왈 간 기 신 지 저 궁 야

육오효, 광대뼈에서 그침이라. 말에는 순서가 있으니 후회가 없어진다.

「상전」에서 말했다. "광대뼈에서 그침이라" 함은 중도中로써 올바름正을 얻었기 때문이다.

六五, 艮其輔, 言有序, 悔亡.
육오 간기보 언유서 회망

象曰, "艮其輔", 以中正也.
상왈 간기보 이중정야

상구효, 독실하게 멈추는 것이니 길하리라.

「상전」에서 말했다. 독실하게 멈추는 것이 길함은 두터운 덕으로 마무리하는 것이다.

上九, 敦艮, 吉.
상구 돈간 길

象曰, 敦艮之吉, 以厚終也.
상왈 돈간지길 이후종야

53
점차 나아감, 풍산 점
風山漸

䷴

점괘漸卦는 여자가 시집가는 것이 길하니, 이로운 것은 올바름을 지키기 때문이다.

漸, 女歸吉, 利貞.
점 여귀길 리정

「단전」에서 말했다.
점차적으로 나아감은 여자가 시집가는 일에 길하다. 나아가 지위를 얻으니 일을 해 나가면 공이 있을 것이고 올바르게 나아가니 나라도 바로잡을 수 있다. 그 지위는 굳센 양陽, 구오이 중中의 자리를 얻음이다. 있어야 할 곳에서 멈추고 공손하므로 움직임이 곤궁하지 않은 것이다.

彖曰, 漸之進也, 女歸吉也. 進得位, 往有功也,
단왈 점지진야 여귀길야 진득위 왕유공야

進以正, 可以正邦也. 其位, 剛得中也. 止而巽,
진이정 가이정방야 기위 강득중야 지이손

動不窮也.
동불궁야

「상전」에서 말했다. 산艮, ☶ 위에 나무巽, ☴가 있는 것이 점괘이니, 군자는 이것을 보고 어진 덕에 머무르면서 풍속을 선하게 만든다.

象曰, 山上有木, 漸, 君子以, 居賢德善俗.
상왈 산상유목 점 군자이 거현덕선속

초육효, 기러기가 물가로 점차 나아가는 것이다. 소인과 어린아이는 위태롭게 여겨 말이 있으나 허물이 없다.

「상전」에서 말했다. 소인과 어린아이는 위태롭게 여기지만 의리상 허물이 없다.

初六, 鴻漸于干. 小子厲, 有言, 无咎.
초육 홍점우간 소자려 유언 무구

象曰, 小子之厲, 義无咎也.
상 왈 소자지려 의무구야

육이효, 기러기가 넓은 바위로 점차 나아가는 것이다. 음식을 먹는 것이 즐겁고 즐거우니 길하다.
「상전」에서 말했다. "음식을 먹는 것이 즐겁고 즐거움"은 헛되이 배만 부른 것이 아니다.

六二, 鴻漸于磐. 飮食衎衎, 吉.
육이 홍점우반 음식간간 길
象曰, "飮食衎衎", 不素飽也.
상 왈 음식간간 불소포야

구삼효, 기러기가 육지로 점차 나아가는 것이다. 남자陽, 구삼는 가면 돌아오지 않고 부인陰, 육사은 잉태하더라도 기르지 못하여 흉하니 도적육사을 막는 것이 이롭다.
「상전」에서 말했다. "남자는 가면 돌아오지 않음"은 무리를 벗어나 추한 것이고, "부인은 잉태하더라도 기르지 못함"은 지켜야 할 도를 잃은 것이고, 도적을 막는 것으로써 함이 이로운 것은 이치에 순종하여 서로 보존하는 것이다.

九三, 鴻漸于陸. 夫征不復, 婦孕不育, 凶, 利禦寇.
구삼 홍점우육 부정불복 부잉불육 흉 리어구

象曰, "夫征不復", 離羣, 醜也, "婦孕不育",
상왈 부정불복 리군 추야 부잉불육

失其道也, 利用禦寇, 順相保也.
실기도야 리용어구 순상보야

육사효, 기러기가 나무로 점차 나아가는 것이다. 혹 평평한 가지를 얻을 수 있으면 허물이 없으리라.

「상전」에서 말했다. "혹 평평한 가지를 얻을 수 있는 것"은 이치에 순종하며 자신을 낮추기 때문이다.

六四, 鴻漸于木. 或得其桷, 无咎.
육사 홍점우목 혹득기각 무구

象曰, "或得其桷", 順以巽也.
상왈 혹득기각 순이손야

구오효, 기러기가 높은 언덕으로 점차 나아가는 것이다. 부인陰, 육이이 3년 동안 잉태하지 못하나 끝내 구삼과 육사가 이기지 못하니 길하리라.

「상전」에서 말했다. "끝내 이기지 못하니 길하리라" 함은 바라던 바를 얻는 것이다.

九五, 鴻漸于陵. 婦三歲不孕, 終莫之勝, 吉.
구오 홍점우릉 부삼세불잉 종막지승 길

象曰, "終莫之勝, 吉", 得所願也.
상왈 종막지승 길 득소원야

상구효, 기러기가 허공으로 점차 나아가는 것이다. 그 날개를 써서 본보기가 될 만하니 길하다.

「상전」에서 말했다. "그 날개를 써서 본보기가 될 만하니 길함"은 질서가 있어 그를 어지럽힐 수 없기 때문이다.

上九, 鴻漸于陸*. 其羽可用爲儀, 吉.
상구 홍점우육 기우가용위의 길

象曰, "其羽可用爲儀, 吉", 不可亂也.
상왈 기우가용위의 길 불가란야

* '육지 육(陸)' 자를 '큰 길 규(逵)' 자의 오자로 보아 해석은 '허공(하늘에 난 큰 길)으로 점차 나아간다'고 했지만 글자는 '陸' 자를 그대로 둔다.

54
누이를 시집보냄, 뇌택 귀매
雷澤 歸妹

䷵

귀매괘歸妹卦는 섣불리 나아가면 흉하니 이로울 바가 없다.

歸妹, 征凶, 无攸利.
귀매 정흉 무유리

「단전」에서 말했다.

'여자가 시집가는 일'歸妹은 천지에서 가장 위대하고 마땅한 일이다. 하늘과 땅이 교제하지 않으면 만물이 생겨나지 않는 법이니, 여자가 시집감은 인간사의 마무리이며 시작이다. 기뻐하면서 움직여서 시집가는 것이 어린 누이이니, "섣

불리 나아가면 흉한 것"은 지위가 합당하지 않기 때문이다. "이로울 바가 없는 것"은 부드러운 음陰이 굳센 양陽을 올라탔기 때문이다.*

象曰, '歸妹', 天地之大義也. 天地不交,
단왈 귀매 천지지대의야 천지불교

而萬物不興, 歸妹, 人之終始也. 說以動, 所歸妹也,
이만물불흥 귀매 인지종시야 열이동 소귀매야

"征凶", 位不當也. "无攸利", 柔乘剛也.
정흉 위부당야 무유리 유승강야

「상전」에서 말했다. 연못兌, ☱ 위에 우레震, ☳가 있는 것이 귀매괘이니, 군자는 이것을 보고 이루어짐을 영구히 하고자 하여 낡아서 무너질 수 있음을 안다.

象曰, 澤上有雷, 歸妹, 君子以, 永終知敝.
상왈 택상유뢰 귀매 군자이 영종지폐

* 육삼과 육오가 각각 구이와 구사 위에 있어 음이 양을 올라타고 있다고 본 것이다.

초구효, 잉첩[**]으로 시집보냄이니 절름발이가 걸어갈 수 있음이다. 그대로 나아가면 길하리라.

「상전」에서 말했다. "잉첩으로 시집보냄"이나 오래도록 변치 않을 수 있고, '절름발이가 걸어갈 수 있음이라 길함'은 본처를 돕고 받들기 때문이다.

初九, 歸妹以娣, 跛能履, 征吉.
초구 귀매이제 파능리 정길

象曰, "歸妹以娣", 以恒也, '跛能履, 吉', 相承也.
상왈 귀매이제 이항야 파능리 길 상승야

구이효, 애꾸눈으로 보는 것[***]이니 차분하고 안정된 사람의 올바름을 지키는 것이 이롭다.

「상전」에서 말했다. "차분하고 안정된 사람의 올바름을 지키는 것이 이로움"은 항상된 도常道를 변치 않고 지키기 때문이다.

** 잉첩(媵妾) : 딸을 시집보낼 때 집안의 여자들을 잉첩으로 삼아 정처(딸)와 함께 시집보냈던 고대의 혼인제도. 초구는 정응이 없어 제대로 된 짝이 없으므로 잉첩이 되어 시집간다고 본 것이다.

*** 애꾸눈으로 보는 것 : 구이의 정응인 육오가 음유하고 바르지 않아서 구이가 자신의 뜻을 펼치지 못하는 상황이라는 것을 애꾸눈으로 보는 것이라고 표현했다.

九二, 眇能視, 利幽人之貞.
구이 묘능시 리유인지정

象曰, "利幽人之貞", 未變常也.
상왈 리유인지정 미변상야

육삼효, 시집가기를 기다리는 것이니 돌이켜 낮추어서 잉첩으로 시집보낸다.

「상전」에서 말했다. "시집가기를 기다림"은 합당하지 못한 것이다.

六三, 歸妹以須, 反歸以娣.
육삼 귀매이수 반귀이제

象曰, "歸妹以須", 未當也.
상왈 귀매이수 미당야

구사효, 시집갈 혼기가 지난 것이니 시집가는 일이 지체되는 것은 때가 있기 때문이다.

「상전」에서 말했다. 혼기가 지난 이의 뜻은 기다렸다가 시집가려는 것이다.

九四, 歸妹愆期, 遲歸有時.
구사 귀매건기 지귀유시

象曰, 愆期之志, 有待而行也.
상왈 건기지지 유대이행야

육오효, 제을*이 어린 누이를 시집보내는 것이다. 본처의 소매가 잉첩의 소매보다 아름답지 못하니, 달이 거의 차오르면 길하리라.

「상전」에서 말했다. 제을이 어린 누이를 시집보내는데 본처의 소매가 "잉첩의 소매보다 아름답지 못함"은 그 지위가 중中의 자리에 있어서 존귀함으로써 행한 것이다.

六五, 帝乙歸妹. 其君之袂, 不如其娣之袂良,
육오 제을귀매 기군지메 불여기제지메량

月幾望, 吉.
월기망 길

象曰, 帝乙歸妹, "不如其娣之袂良"也, 其位在中,
상왈 제을귀매 불여기제지메량야 기위재중

以貴行也.
이귀행야

* 제을(帝乙)은 은나라 29대 군주로, 지천 태괘의 육오효 효사에 나온다.

상육효, 여자가 제수 담을 광주리를 이어받았으나 내용물이 없다. 남자가 희생양을 칼로 베지만 피가 나오지 않으니 이로울 바가 없다.

「상전」에서 말했다. 상육에 "내용물이 없음"은 빈 제수 광주리로 받드는 것이다*.

上六, 女承筐无實, 士刲羊, 无血, 无攸利.
상육 여승광무실 사규양 무혈 무유리

象曰, 上六 "无實", 承虛筐也.
상왈 상육 무실 승허광야

* 아내가 제수 준비를 하지 않아 광주리가 비어서 제사를 받들 수 없다는 의미다.

55
풍성하여 성대함, 뇌화 풍
雷火豐

䷶

풍괘豐卦는 형통하다. 왕만이 이를 제대로 할 수 있으니, 근심이 없으려면 마땅히 해가 중천에 뜬 듯이 해야 한다.

豐, 亨. 王假之, 勿憂, 宜日中.
풍 형 왕격지 물우 의일중

「단전」에서 말했다.

풍괘는 성대함이니, 밝음으로 움직이기에 '풍성함'豐이다. "왕만이 이를 제대로 할 수 있음"은 지극히 큰일을 높이는 것이다. "근심이 없으려면 마땅히 해가 중천에 뜬 듯이 해야 한다"는 것은 마땅히 세상을 고루 비추어야 함이다. 해가 중천에 뜨면 기울고 달이 차면 이지러지니, 하늘과 땅에 꽉 차고 텅 비는 것도 때에 따라 줄어들고 불어나는데 하물며 사람은 어떻겠는가? 하물며 귀신은 어떻겠는가?

彖曰, 豐, 大也, 明以動, 故 '豐'. "王假之", 尙大也.
단왈 풍 대야 명이동 고 풍 왕격지 상대야

"勿憂, 宜日中", 宜照天下也. 日中則昃, 月盈則食,
물우 의일중 의조천하야 일중즉측 월영즉식

天地盈虛, 與時消息, 而況於人乎? 況於鬼神乎?
천지영허 여시소식 이황어인호 황어귀신호

「상전」에서 말했다. 우레震, ☳와 번개離, ☲가 함께 이른 것이 풍괘이니, 군자는 이것을 보고 옥사를 판결하고 형벌을 집행한다.

象曰, 雷電皆至, 豐, 君子以, 折獄致刑.
상왈 뇌전개지 풍 군자이 절옥치형

초구효, 짝이 되는 주인구사을 만남이다. 비록 둘 다 양이라 대등한 관계이지만 허물이 없으니, 그대로 나아가면 가상함이 있으리라.

「상전」에서 말했다. "비록 대등한 관계이지만 허물이 없음"이니 대등함에서 벗어나면 재앙이 있을 것이다.

初九, 遇其配主. 雖旬, 无咎, 往有尙.
초구 우기배주 수순 무구 왕유상

象曰, "雖旬, 无咎", 過旬災也.
상왈 수순 무구 과순재야

육이효, 짚으로 엮은 덮개에 많이 가려짐이라.* 해가 중천에 떴는데도 북두성을 본다. 나아가면 의심과 질시를 얻으리니, 진실한 믿음을 가지고 감동시키면 길하리라.

「상전」에서 말했다. "진실한 믿음을 가지고 감동시킴"은 신뢰로써 윗사람의 마음을 감동시켜 움직이는 것이다.

六二, 豐其蔀. 日中見斗. 往得疑疾, 有孚發若, 吉.
육이 풍기부 일중견두 왕득의질 유부발약 길

象曰, "有孚發若", 信以發志也.
상왈 유부발약 신이발지야

* 육이효는 중(中)하고 정(正)한 인재인데 군주의 자리에 음유한 육오가 있어서 짚으로 엮은 덮개에 많이 가려져 있다고 보았다.

구삼효, 휘장을 둘러쓰고 있음이라.* 해가 중천에 떴는데도 작은 별을 본다. 오른쪽 팔뚝이 부러졌으니 탓할 곳이 없다.
「상전」에서 말했다. "휘장을 둘러쓰고 있음"은 큰일을 할 수 없는 것이고, "오른쪽 팔뚝이 부러짐"은 끝내 쓸 수 없는 것이다.

九三, 豐其沛. 日中見沬. 折其右肱, 无咎.
구삼 풍기패 일중견매 절기우굉 무구

象曰, "豐其沛", 不可大事也. "折其右肱",
상왈 풍기패 불가대사야 절기우굉

終不可用也.
종불가용야

구사효, 짚으로 엮은 덮개에 많이 가려짐이라. 해가 중천에 떴는데도 북두성을 본다. 대등한 상대초구를 만나면 길하리라.
「상전」에서 말했다. "짚으로 엮은 덮개에 많이 가려짐"은 지위가 합당하지 않기 때문이다. "해가 중천에 떴는데도 북두

* 구삼효는 부중(不中)하고 음암(陰暗)한 상육과 정응이므로 육이효나 구사효보다 더 어두운 상태라서 "휘장을 둘러쓰고 있다"고 했다.

성을 본다"는 것은 어두워 밝지 않기 때문이다. "대등한 상대를 만남"은 초구에게 가는 것이 길한 것이다.

九四, 豐其蔀. 日中見斗. 遇其夷主, 吉.
구사 풍기부 일중견두 우기이주 길

象曰, "豐其蔀", 位不當也. "日中見斗", 幽不明也.
상왈 풍기부 위부당야 일중견두 유불명야

"遇其夷主", 吉行也.
우기이주 길행야

육오효, 아름답고 훌륭한 인재육이는 물론이고 초구와 구삼, 구사까지를 오게 하면 경사와 영예가 있어 길하리라.

「상전」에서 말했다. 육오효의 길함은 경사가 있는 것이다.

六五, 來章, 有慶譽, 吉.
육오 래장 유경예 길

象曰, 六五之吉, 有慶也.
상왈 육오지길 유경야

상육효, 집을 성대하게 하고도 그 집을 짚으로 엮은 덮개로 덮어 놓은 것이라. 집 안을 엿보니 적막하여 사람이 없어 3년이 지나도록 만나 보지 못하니 흉하다.

「상전」에서 말했다. "집을 성대하게 함"은 하늘 끝까지 올라간 것이고, "집 안을 엿보니 적막하여 사람이 없음"은 스스로 숨어 버린 것이다.

上六, 豐其屋, 蔀其家. 闚其戶, 闃其无人,
상육 풍기옥 부기가 규기호 격기무인

三歲不覿, 凶.
삼세부적 흉

象曰, "豐其屋", 天際翔也, "闚其戶, 闃其无人",
상왈 풍기옥 천제상야 규기호 격기무인

自藏也.
자장야

56
정처 없이 유랑함, 화산 려
火山旅

䷷

려괘旅卦는 조금 형통하고, 유랑함에 올바르게 행동하여 길하다.

旅, 小亨, 旅貞, 吉.
려 소형 려정 길

「단전」에서 말했다.
"려괘는 조금 형통하다" 함은 부드러운 음陰, 육오이 밖에서 중中의 자리를 얻고 굳센 양陽, 구사와 상구에 순종하고, 있어야 할 곳에 멈추고 밝음에 걸려 있기 때문이다. 그래서 "조금 형통하고, 유랑함에 올바르게 행동하여 길하다"고 한 것이니, '유랑함'旅의 때와 뜻이 위대하구나!

彖曰, "旅, 小亨", 柔得中乎外而順乎剛,
단 왈 려 소 형 유 득 중 호 외 이 순 호 강

止而麗乎明. 是以 "小亨, 旅貞, 吉"也, 旅之時義
지 이 리 호 명 시 이 소 형 려 정 길 야 려 지 시 의

大矣哉!
대 의 재

「상전」에서 말했다. 산艮, ☶ 위에 불離, ☲이 있는 것이 려괘이니, 군자는 이것을 보고 형벌을 사용하는 데 분명하고 신중하게 하며, 옥사를 미루어 두지도 않는다.

象曰, 山上有火, 旅, 君子以, 明愼用刑, 而不留獄.
상 왈 산 상 유 화 려 군 자 이 명 신 용 형 이 불 류 옥

초육효, 유랑하는 자가 비루하고 쪼잔하니 이 때문에 재앙을 자초한다.

「상전」에서 말했다. "유랑하는 자가 비루하고 쪼잔함"은 뜻이 궁색하여 재앙이 있는 것이다.

初六, 旅瑣瑣, 斯其所取災.
초 육 려 쇄 쇄 사 기 소 취 재

象曰, "旅瑣瑣", 志窮災也.
상 왈 려 쇄 쇄 지 궁 재 야

육이효, 유랑하는 자가 숙소에 드니 노잣돈을 지니고 있고 동복童僕, 어린심부름꾼(초육)과 마부(구삼)의 충직함을 얻는다.

「상전」에서 말했다. "동복의 충직함을 얻음"은 끝내 허물이 없는 것이다.

六二, 旅卽次, 懷其資, 得童僕貞.
육 이 려 즉 차 회 기 자 득 동 복 정

象曰, "得童僕貞", 終无尤也.
상 왈 득 동 복 정 종 무 우 야

구삼효, 유랑하는 자가 숙소를 불태우고 동복아랫사람의 충직함을 잃어버리니 위태롭다.

「상전」에서 말했다. "유랑하는 자가 숙소를 불태웠으니" 해롭고, 유랑하면서 아랫사람을 대하는 도리가 이와 같으니 그 마땅함을 잃은 것이다.

九三, 旅焚其次, 喪其童僕貞, 厲.
구 삼 려 분 기 차 상 기 동 복 정 려

象曰, "旅焚其次", 亦以傷矣, 以旅與下, 其義喪也.
상왈 려분기차 역이상의 이려여하 기의상야

구사효, 유랑하는 자가 거처處, 임시로 머물 곳에 있고 그 노잣돈과 도끼를 얻었지만, 나구사의 마음은 불쾌하다.*

「상전」에서 말했다. "유랑하는 자가 거처에 있음"은 지위를 얻지 못한 것이니, "노잣돈과 도끼를 얻었지만" 마음이 유쾌하지 못하다.

九四, 旅于處, 得其資斧, 我心, 不快.
구사 려우처 득기자부 아심 불쾌

象曰, "旅于處", 未得位也, "得其資斧", 心未快也.
상왈 려우처 미득위야 득기자부 심미쾌야

육오효, 꿩을 쏘아 맞혀 화살 하나로 잡은 것이다.** 끝내 영

* 구사는 양강한 자질을 가지고 대신의 자리에 있기에 거처할 곳이 있고 노잣돈과 도끼(결단력)를 얻었지만 부중(不中)하고 부정(不正)하기 때문에 아래에 있는 육이가 그 숙소에 나아간 것만 못한 처지라 마음이 불쾌한 것이다.

** 꿩은 리괘(離卦)에 속하니 문명(文明)을 상징한다. 꿩을 쏘아 맞히는 것은 육오의 행동이 문명한 도(道)에 적중한다는 의미다.

예와 복록을 얻는다.

「상전」에서 말했다. "끝내 영예와 복록을 얻는 것"은 위에 있는 육오가 아랫사람들구사와 상구과 함께하기 때문이다.

六五, 射雉一矢亡. 終以譽命.
육오 석치일시망 종이예명

象曰, "終以譽命", 上逮也.
상왈 종이예명 상체야

상구효, 새가장 윗자리에 있는 상구가 둥지를 불태우는 것이니 유랑하는 자가 먼저 웃고 나중에는 울부짖는다. 소홀히 여겨서 소유순한 덕를 잃어버리니 흉하다.

「상전」에서 말했다. 유랑하는 자로서 윗자리에 있으니 이치상 불태우게 되는 것이고, "소홀히 여겨서 소를 잃어버리니" 끝내 듣고 깨닫지 못하는 것이다.

上九, 鳥焚其巢, 旅人先笑後號咷. 喪牛于易, 凶.
상구 조분기소 려인선소후호도 상우우이 흉

象曰, 以旅在上, 其義焚也, "喪牛于易",
상왈 이려재상 기의분야 상우우이

終莫之聞也.
종막지문야

57
공손하게 순종함, 중풍 손
重風巽

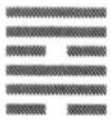

손괘巽卦는 약간 형통하다. 나아갈 바를 두는 것이 이롭고, 대인구이와 구오을 만나는 것이 이롭다.

巽, 小亨. 利有攸往, 利見大人.
손 소형 리유유왕 리견대인

「단전」에서 말했다.

중복된 손巽은 명령을 거듭하는 것이다. 굳센 양陽, 구이와 구오이 중도中와 올바름正을 공손하게 따르고 뜻을 행하며, 부드러운 음陰, 초육과 육사이 모두 굳센 양구이와 구오에 순종한다. 이 때문에 "약간 형통하다. 나아갈 바를 두는 것이 이롭고, 대인을 만나는 것이 이롭다".

象曰, 重巽以申命. 剛巽乎中正而志行,
단 왈 중 손 이 신 명 강 손 호 중 정 이 지 행

柔皆順乎剛. 是以 "小亨. 利有攸往, 利見大人".
유 개 순 호 강 시 이 소 형 리 유 유 왕 리 견 대 인

「상전」에서 말했다. 잇따르는 바람巽, ☴이 손괘이니, 군자는 이것을 보고 명령을 거듭하면서 정사政事를 행한다.

象曰, 隨風, 巽, 君子以, 申命行事.
상 왈 수 풍 손 군 자 이 신 명 행 사

초육효, 나아갔다가 물러나니, 무인강한 기운을 가진 사람*의 올바름이 이롭다.

「상전」에서 말했다. "나아갔다가 물러남"은 자신의 뜻을 의심하는 것이고, "무인의 올바름이 이롭다" 함은 자신의 뜻을 다스림이다.

初六, 進退, 利武人之貞.
초 육 진 퇴 리 무 인 지 정

象曰, "進退", 志疑也, "利武人之貞", 志治也.
상 왈 진 퇴 지 의 야 리 무 인 지 정 지 치 야

* 본래 양의 자리가 가지는 강한 에너지를 바르게 지켜 나가는 것이 이롭다는 의미다.

구이효, 겸손하여 침상 아래에 있으니, 축사祝史와 무당을 많이 쓰면* 길하고 허물이 없다.

「상전」에서 말했다. 많이 쓰는 것의 길함은 중도를 얻었기 때문이다.

九二, 巽在牀下, 用史巫紛若, 吉, 无咎.
구이 손재상하 용사무분약 길 무구

象曰, 紛若之吉, 得中也.
상왈 분약지길 득중야

구삼효, 이랬다저랬다 하는 공손함이니, 부끄럽다.

「상전」에서 말했다. 이랬다저랬다 하는 공손함이라 부끄러움은 뜻이 궁색한 것이다.

九三, 頻巽, 吝.
구삼 빈손 린

象曰, 頻巽之吝, 志窮也.
상왈 빈손지린 지궁야

* 축사와 무당을 많이 쓰면 : '천지신명께 묻고 제를 올리는 것처럼 정성을 다하기를 성대히 하면'이라는 의미다. 사(史)는 축사(祝史)로 복서(卜筮, 길흉을 점치는 일)를 담당하고, 무(巫)는 무당으로 제액(除厄, 액을 제거함)과 기복(祈福, 복을 기원함)을 담당하는 자로 모두 신명(神明)과 통하는 사람이다.

육사효, 후회가 없어지니 사냥 나가서 세 등급의 짐승**을 잡는 것이다.

「상전」에서 말했다. "사냥 나가서 세 등급의 짐승을 잡음"은 공이 있는 것이다.

六四, 悔亡, 田獲三品.
육사 회망 전획삼품

象曰, "田獲三品", 有功也.
상왈 전획삼품 유공야

구오효, 올바름을 굳게 지키면 길하다. 후회가 없어져서 이롭지 않음이 없으니, 처음은 없지만 끝맺음이 있다. 변혁庚에 앞서 3일, 변혁庚 이후 3일을 신중히 하면*** 길하리라.

「상전」에서 말했다. 구오효의 길함은 지위가 올바름正과 중도中를 얻었기 때문이다.

** 세 등급의 짐승 : 사냥에서 짐승을 잡으면 상중하 세 등급으로 나눈다. 상등은 제사를 지낼 때 희생으로 바치고, 중등은 빈객을 접대하는 데 쓰거나 제후의 부엌에서 쓰고, 하등은 사냥에 참여했던 일꾼들에게 나눠 주므로 사냥 나가서 세 등급의 짐승을 모두 잡으면 위와 아래가 두루 기뻐하게 된다.

*** 10개의 천간 중에서 무·기(戊己)는 중간이고 경(庚)은 중간을 넘어가서 변화가 일어나는 시작이다. 게다가 가을이자 금기(金氣)의 시작이라서 '변혁', 즉 큰 변화를 의미한다.

九五, 貞吉. 悔亡, 无不利, 无初有終. 先庚三日,
구오 정길 회망 무불리 무초유종 선경삼일

後庚三日, 吉.
후경삼일 길

象曰, 九五之吉, 位正中也.
상왈 구오지길 위정중야

상구효, 자신을 낮추어 침상 아래에 있으니* 노잣돈과 도끼 자신의 능력과 판단력를 잃는다. 올바름의 측면에서 보면 흉하다. 「상전」에서 말했다. "자신을 낮추어 침상 아래에 있음"은 가장 높은 자리에서 궁색해진 것이다. "노잣돈과 도끼를 잃음"이 바르겠는가? 흉하다.

上九, 巽在牀下, 喪其資斧. 貞凶.
상구 손재상하 상기자부 정흉

象曰, "巽在牀下", 上窮也. "喪其資斧", 正乎?
상왈 손재상하 상궁야 상기자부 정호

凶也.
흉야

* 구이와 상구가 모두 겸손함이 지나쳐서 침상 아래에 있다고 했는데 구이는 중(中)의 자리에 있어서 사심(邪心)이 아니라고 보는 반면, 상구는 손괘의 맨 위에 있고 중(中)의 자리를 얻지 못했으니 지나치게 자신을 낮추어서 자신이 가진 능력과 판단력을 잃어버리는 데 이르렀다고 보는 것이다.

58
이어지는 기쁨, 중택 태
重澤兌

䷹

태괘兌卦는 형통하니, 바르게 하는 것이 이롭다.

兌, 亨, 利貞.
태 형 리정

「단전」에서 말했다.

태는 기쁨이다. 굳센 양陽이 중中의 자리에 있고 부드러운 음陰이 밖으로 드러나서*, 기뻐하며 올바름을 지키는 것이 이

* 소성괘 태괘(兌, ☱)가 가장 위에 음이 있으면서 외부와 관계 맺기를 기쁨(悅)으로 하는 것을 말한다.

로움이다. 이 때문에 하늘의 이치를 따르면서 사람들에게 호응한다. 기쁨으로 백성들을 앞서 이끌면 백성들은 수고로움을 잊고, 기쁨으로 어려운 일을 무릅쓰게 하면 백성들이 자신들의 죽음까지 잊으니, 기쁨兌의 위대함이여, 백성들이 믿고 기꺼이 따르는구나!

彖曰, 兌, 說也. 剛中而柔外, 說以利貞.
단 왈 태 열 야 강 중 이 유 외 열 이 리 정

是以順乎天而應乎人. 說以先民, 民忘其勞,
시 이 순 호 천 이 응 호 인 열 이 선 민 민 망 기 로

說以犯難, 民忘其死, 說之大, 民勸矣哉!
열 이 범 난 민 망 기 사 열 지 대 민 권 의 재

「상전」에서 말했다. 붙어 있는 연못兌, ☱이 태괘이니, 군자는 이것을 보고 벗들과 토론하고 배운 것을 익힌다.

象曰, 麗澤, 兌, 君子以, 朋友講習.
상 왈 리 택 태 군 자 이 붕 우 강 습

초구효, 조화를 이루면서 기쁘게 함이니 길하다.

「상전」에서 말했다. 조화를 이루면서 기쁘게 함이 길한 것은

행함에 있어 의심이 없기 때문이다.

初九, 和兌, 吉.
초구 화태 길

象曰, 和兌之吉, 行未疑也.
상왈 화태지길 행미의야

구이효, 진실한 믿음으로써 기쁘게 하니 길하고 후회가 없어진다.

「상전」에서 말했다. 진실한 믿음으로써 기쁘게 하니 길한 것은 뜻이 미덥기 때문이다.

九二, 孚兌, 吉, 悔亡.
구이 부태 길 회망

象曰, 孚兌之吉, 信志也.
상왈 부태지길 신지야

육삼효, 아래로 내려가서 기쁘게 하니 흉하다.

「상전」에서 말했다. 아래로 내려가서 기쁘게 하니 흉한 것은 지위가 합당하지 못하기 때문이다.

六三, 來兌, 凶.
육삼 래태 흉

象曰, 來兌之凶, 位不當也.
상왈 래태지흉 위부당야

구사효, 기쁨을 계산하느라 편안하지 못한 것이니*, 구오의 군주에 대한 절개를 지키고 사악한 자육삼를 미워하면 기쁜 일이 있으리라.

「상전」에서 말했다. 구사의 기쁜 일은 경사가 있는 것이다.

九四, 商兌未寧, 介疾有喜.
구사 상태미녕 개질유희

象曰, 九四之喜, 有慶也.
상왈 구사지희 유경야

구오효, 양陽을 벗겨 내려는 자陰, 상육를 믿으면 위태로움이 있으리라.

* 구사는 대신의 자리에 있으면서 중(中)하고 정(正)한 구오의 군주와 바로 아래에 있으면서 기쁨을 주는 육삼 사이에서 어디로 가야 할까 계산하느라 편치 못한 상황이다.

「상전」에서 말했다. "양을 벗겨 내려는 자를 믿는 것"은 구오의 자리가 바로 거기에 해당하기 때문이다.

九五, 孚于剝, 有厲.
구오 부우박 유려

象曰, "孚于剝", 位正當也.
상왈 부우박 위정당야

상육효, 기쁨을 당겨서 연장하려는 것이다.

「상전」에서 말했다. 상육효가 "기쁨을 당겨서 연장하려는 것"은 빛나지 못함이다.

上六, 引兌.
상육 인태

象曰, 上六 "引兌", 未光也.
상왈 상육 인태 미광야

59
민심이 흩어짐, 풍수 환
風水渙

䷺

환괘渙卦는 형통하다. 왕이 종묘를 두는 데 지극하며 큰 강을 건너는 것이 이로우니 올바름을 굳게 지키는 것이 이롭다.

渙, 亨. 王假有廟, 利涉大川, 利貞.
환 형 왕격유묘 리섭대천 리정

「단전」에서 말했다.

"환괘는 형통하다" 함은 굳센 양陽, 구이이 아래로 내려와서 궁해지지 않고 부드러운 음陰, 육사이 밖에서 자리를 얻어*, 위에 있는 구오와 뜻을 같이하기 때문이다. "왕이 종묘를 두는

데 지극함"은 왕이 중심中道, 民心之中에 있는 것이다. "큰 강을 건너는 것이 이롭다"는 말은 나무를 타고서** 성과가 있는 것이다.

彖曰, "渙, 亨", 剛來而不窮, 柔得位乎外而上同.
단 왈 환 형 강 래 이 불 궁 유 득 위 호 외 이 상 동

"王假有廟", 王乃在中也. "利涉大川", 乘木有功也.
왕 격 유 묘 왕 내 재 중 야 리 섭 대 천 승 목 유 공 야

「상전」에서 말했다. 바람巽, ☴이 물坎, ☵ 위에서 부는 것이 환괘이니, 선왕이 이것을 보고 상제께 제사드리고 종묘를 세우셨다.

象曰, 風行水上, 渙, 先王以, 享于帝, 立廟.
상 왈 풍 행 수 상 환 선 왕 이 향 우 제 입 묘

* 외괘가 천(乾卦, ☰)에서 풍(巽卦, ☴)으로 바뀌고, 내괘가 지(坤卦, ☷)에서 수(坎卦, ☵)로 바뀌었다고 보아서 건괘의 구사가 아래로 내려와서 중수 감괘의 구이로 변하고 중지 곤괘의 육이가 외괘로 나아가서 중풍 손괘의 육사가 되었다는 말이다.

** 풍(巽, ☴)은 음목(陰木)이고 수(坎, ☵) 위에 있으므로 물 위에 떠 있는 뗏목과 같다고 보는 것이다.

초육효, 구제하려고 하되 말馬, 구이이 건장하니 길하다.

「상전」에서 말했다. 초육효가 길한 것은 때를 따르기 때문이다.

初六, 用拯, 馬壯, 吉.
초육 용증 마장 길

象曰, 初六之吉, 順也.
상왈 초육지길 순야

구이효, 민심이 흩어지는 때에 기댈 곳초육으로 달려가면 후회가 없어지리라.

「상전」에서 말했다. "민심이 흩어지는 때에 기댈 곳으로 달려감"은 원하는 것을 얻는 것이다.

九二, 渙, 奔其机, 悔亡.
구이 환 분기궤 회망

象曰, "渙, 奔其机", 得願也.
상왈 환 분기궤 득원야

육삼효, 민심이 흩어질 때에 그 자신만 후회가 없는 것이다.

「상전」에서 말했다. "민심이 흩어질 때에 그 자신만"이라 함은 뜻이 밖상구에 있기 때문이다.*

六三, 渙, 其躬, 无悔.
육삼 환 기궁 무회

象曰, "渙, 其躬", 志在外也.
상왈 환 기궁 지재외야

육사효, 민심이 흩어지는 때에 무리를 이루는 자라서 크게 좋고 길하다. 민심이 흩어질 때 사람이 언덕처럼 모이는 것은 평범한 사람이 생각할 수 있는 것이 아니니라.

「상전」에서 말했다. "민심이 흩어지는 때에 무리를 이루는 자라서 크게 좋고 길함"은 빛나고 위대한 것이다.

六四, 渙, 其羣, 元吉. 渙, 有丘, 匪夷所思.
육사 환 기군 원길 환 유구 비이소사

象曰, "渙, 其羣, 元吉", 光大也.
상왈 환 기군 원길 광대야

* 민심이 흩어지는 때에 육삼은 외괘에 있는 정응인 상구의 도움으로 자신을 지킬 수 있다.

구오효, 민심이 흩어질 때에 크게 호령하기를 몸이 땀에 젖어 들듯이 하면*, 민심이 흩어질 때 처신하는 것이 왕의 자리에 맞으니 허물이 없으리라.

「상전」에서 말했다. "왕의 자리에 맞으니 허물이 없는 것"은 바른 자리인 것이다.

九五, 渙, 汗其大號, 渙, 王居, 无咎.
구 오 환 한 기 대 호 환 왕 거 무 구

象曰, "王居, 无咎", 正位也.
상 왈 왕 거 무 구 정 위 야

상구효, 민심이 흩어질 때에 그 피陰, 육삼를 제거하며 두려움에서 벗어나면** 허물이 없으리라.

「상전」에서 말했다. "민심이 흩어지는 때에 그 피를 제거함"***은 해로움을 멀리하는 것이다.

* "크게 호령하기를 몸이 땀에 젖어 들듯이" 하는 것은 혁신적인 법령을 내려 백성들의 마음에 깊이 스며들게 하는 것을 의미한다.

** "두려움에서 벗어나면"은 상구효 효사 원문의 '아득할 적(逖)' 자를 '두려울 척(惕)' 자로으로 풀이한 것이다.

*** 소상전 원문에 '其血'이라고만 나와 있지만 그 뒤에 '去'가 생략된 것으로 보아서 뜻을 새길 때에는 '그 피를 제거함'이라고 풀이한다.

上九, 渙, 其血去, 逖出, 无咎.
상구 환 기혈거 적출 무구

象曰, "渙, 其血", 遠害也.
상왈 환 기혈 원해야

60
절도에 맞게 제어함, 수택 절
水澤節

䷻

절괘節卦는 형통하니, 억지로 제어하는 것은 올바름을 굳게 지킬 수 없다.

節, 亨, 苦節, 不可貞.
절 형 고절 불가정

「단전」에서 말했다.

"절괘는 형통하다" 함은 굳센 양陽과 부드러운 음陰이 나누어지고 굳센 양구오와 구이이 중中의 자리를 얻었기 때문이다. "억지로 제어하는 것은 올바름을 굳게 지킬 수 없다" 함은 그 도가 궁색해지기 때문이다. 기뻐하면서 위험한 일을 행하고 지위를 맡아서 절제하고 중도中와 올바름正을 지켜 통하는 것이다. 하늘과 땅이 절도가 있어 사계절이 이루어지니 성인이 법도를 제정해서 절제하여 재물을 손상시키지 않고 백성을 해치지 않는다.

彖曰, "節, 亨", 剛柔分而剛得中.
단왈 절 형 강유분이강득중

"苦節, 不可貞", 其道窮也. 說以行險, 當位以節,
고절 불가정 기도궁야 열이행험 당위이절

中正以通. 天地節而四時成, 節以制度, 不傷財
중정이통 천지절이사시성 절이제도 불상재

不害民.
불해민

「상전」에서 말했다. 연못兌, ☱ 위에 물坎, ☵이 있는 것이 절괘이니, 군자는 이것을 보고 수數, 수치와 도량형와 법도를 제정하고 절도에 맞는 덕과 행실을 헤아려 추구한다.

象曰, 澤上有水, 節, 君子以, 制數度, 議德行.
상왈 택상유수 절 군자이 제수도 의덕행

초구효, 문 바깥 정원에 나가지 않으면 허물이 없으리라.

「상전」에서 말했다. "문 바깥 정원에 나가지 않음"이지만,

통함과 막힘을 아는 것이다.

初九, 不出戶庭, 无咎.
초구 불출호정 무구

象曰, "不出戶庭", 知通塞也.
상왈 불출호정 지통색야

구이효, 집 안에 있는 정원에 나가지 않으니 흉하다.

「상전」에서 말했다. "집 안에 있는 정원에 나가지 않음"은 때를 잃은 것이 극심하기 때문이다.

九二, 不出門庭, 凶.
구이 불출문정 흉

象曰, "不出門庭, 凶", 失時極也.
상왈 불출문정 흉 실시극야

육삼효, 자신을 절도에 맞게 제어하지 않으면 탄식하게 될 것이니 탓할 곳이 없다.

「상전」에서 말했다. 절도에 맞게 제어하지 않아 탄식하게 되니, 또 누구를 탓하겠는가!

六三, 不節若, 則嗟若, 无咎.
육삼 부절약 즉차약 무구

象曰, 不節之嗟, 又誰咎也!
상 왈 부절지차 우수구야

육사효, 절제함에 편안하니 형통하다.

「상전」에서 말했다. 절제함에 편안하여 형통함은 위에 있는 구오의 도를 받드는 것이다.

六四, 安節, 亨.
육사 안절 형

象曰, 安節之亨, 承上道也.
상 왈 안절지형 승상도야

구오효, 아름다운 절제라서 길하니 그대로 나아가면 가상함이 있다.

「상전」에서 말했다. 아름다운 절제라서 길한 것은 군주의 자리에 처하고 중도를 이루었기 때문이다.

九五, 甘節, 吉, 往有尙.
구오 감절 길 왕유상

象曰, 甘節之吉, 居位中也.
상 왈 감절지길 거위중야

상육효, 억지로 절제하는 것이니 고집하면 흉하고, 후회하여 고치면 허물이 없어지리라.

「상전」에서 말했다. "억지로 절제하는 것이니 고집하면 흉한 것"은 그 도가 궁색해지기 때문이다.

上六, 苦節, 貞凶, 悔亡.
상육 고절 정흉 회망

象曰, "苦節, 貞凶", 其道窮也.
상왈 고절 정흉 기도궁야

61
진실한 믿음, 풍택 중부
風澤 中孚

䷼

중부괘中孚卦는 진실한 믿음이 돼지와 물고기*에게까지 미치면 길하다. 큰 강을 건너는 것이 이롭고 올바름을 굳게 지키는 것이 이롭다.

中孚, 豚魚, 吉. 利涉大川, 利貞.
중부 돈어 길 리섭대천 리정

* 돼지는 조급해하며 날뛰는 동물이고, 물고기는 어리석은 동물이라서 말이 전혀 통하지 않는 벽창호 같은 사람을 의미한다.

「단전」에서 말했다.

중부는 부드러운 음陰, 육삼과 육사이 안에 있고 굳센 양陽, 구이와 구오이 중中의 자리를 얻은 것이니, 기뻐하면서 공손하여 진실한 믿음이 마침내 나라를 감화시킨다. "돼지와 물고기에게까지 미치면 길함"은 진실한 믿음이 돼지와 물고기에게까지 닿은 것이다. "큰 강을 건너는 것이 이로움"은 나무배를 타되 배가 비었기 때문이다.* 진실한 믿음을 가지고 올바름을 굳게 지켜 이로우면 마침내 천도에 호응하리라.

彖曰, 中孚, 柔在內而剛得中. 說而巽, 孚乃化邦也.
단 왈 중 부 유 재 내 이 강 득 중 열 이 손 부 내 화 방 야

"豚魚, 吉", 信及豚魚也. "利涉大川", 乘木舟虛也.
돈 어 길 신 급 돈 어 야 리 섭 대 천 승 목 주 허 야

中孚以利貞, 乃應乎天也.
중 부 이 리 정 내 응 호 천 야

「상전」에서 말했다. 연못兌, ☱ 위에 바람巽, ☴이 있는 것이 중부괘이니, 군자는 이것을 보고 옥사를 의논하고 사형을 함

* 나무배를 탔다고 보는 것은 바람이자 음목인 손괘가 연못을 뜻하는 태괘 위에 있고 가운데에 해당하는 3, 4효가 음이라서 비어 있다고 보는 것이다.

부로 내리지 않는다.

象曰, 澤上有風, 中孚, 君子以, 議獄緩死.
상왈 택상유풍 중부 군자이 의옥완사

초구효, 믿을 상대를 깊이 헤아리면 길하니, 다른 사람을 두어 믿지 못할 상대를 만나면 편안치 못하리라.

「상전」에서 말했다. 초구효가 "믿을 상대를 깊이 헤아리면 길한 것"은 뜻이 변하지 않기 때문이다.

初九, 虞, 吉, 有他, 不燕.
초구 우 길 유타 불연

象曰, 初九 "虞, 吉", 志未變也.
상왈 초구 우 길 지미변야

구이효, 그늘에서 학이 울고 있는데 그 새끼가 화답한다. 내게 좋은 벼슬이 있어 나와 그대가 묶여 있노라.

「상전」에서 말했다. "그 새끼가 화답하는 것"은 마음속 깊은 곳에서 원하기 때문이다.

九二, 鳴鶴在陰, 其子和之. 我有好爵, 吾與爾靡之.
구이 명학재음 기자화지 아유호작 오여이미지

象曰, "其子和之", 中心願也.
상 왈 기자화지 중심원야

육삼효, 상대상구을 얻어서 어떤 때는 북을 치고, 어떤 때는 그만두며, 어떤 때는 울고, 어떤 때는 노래한다.*

「상전」에서 말했다. "어떤 때는 북을 치고, 어떤 때는 그만두는 것"은 그 지위가 합당치 못하기 때문이다.

六三, 得敵, 或鼓, 或罷, 或泣, 或歌.
육삼 득적 혹고 혹파 혹읍 혹가

象曰, "或鼓, 或罷", 位不當也.
상 왈 혹고 혹파 위부당야

육사효, 달이 거의 가득 차오르니, 말馬, 육사이 짝초구을 잃으면 허물이 없으리라.

「상전」에서 말했다. "말이 짝을 잃는 것"은 동류본래 정응인 초구를 끊고 위에 있는 구오에게로 올라가는 것이다.

* 상구가 시키는 대로 움직인다는 의미다.

六四, 月幾望, 馬匹亡, 无咎.
육사 월기망 마필망 무구

象曰, "馬匹亡", 絶類上也.
상왈 마필망 절류상야

구오효, 진실한 믿음으로 천하의 민심을 끌어당겨 결집시키면 허물이 없으리라.

「상전」에서 말했다. "진실한 믿음으로 천하의 민심을 끌어당겨 결집시키는 것"은 지위가 올바르고 합당하기 때문이다.

九五, 有孚攣如, 无咎.
구오 유부련여 무구

象曰, "有孚攣如", 位正當也.
상왈 유부련여 위정당야

상구효, 새 날갯짓 소리가 하늘로 올라가는 것이니 고집하여 흉하도다.

「상전」에서 말했다. "새 날갯짓 소리가 하늘로 올라가니", 어찌 오래 지속하겠는가!

上九, 翰音登于天, 貞凶.
상구 한음등우천 정흉

象曰, "翰音登于天", 何可長也.
상왈 한음등우천 하가장야

62
작은 일이 지나침, 뇌산 소과
雷山小過

䷽

소과괘小過卦는 형통하니 올바름을 굳게 지키는 것이 이로운 것이니 작은 일은 할 수 있고 큰일은 할 수 없다. 날아가는 새가 소리를 남김에 올라감을 마땅치 않아 하고 내려옴을 마땅히 여기면 크게 길하리라.

小過, 亨, 利貞. 可小事, 不可大事. 飛鳥遺之音,
소과 형 리정 가소사 불가대사 비조유지음

不宜上, 宜下, 大吉.
불의상 의하 대길

「단전」에서 말했다.

소과는 작은 일에 지나침이 있지만 형통한 것이다. 지나치게 하되 올바름을 굳게 지키는 것이 이로움은 때에 따라서 행하는 것이다. 부드러운 음陰, 육이와 육오이 중中의 자리를 얻었으니 이 때문에 작은 일에는 길한 것이고, 굳센 양陽이 군주의 지위를 잃고 중도를 얻지 못했으니 그래서 큰일을 실행할 수 없는 것이다. 여기에는 날아가는 새의 모습이 담겨 있다. "날아가는 새가 소리를 남김에 올라감을 마땅치 않아 하고 내려옴을 마땅히 여기면 크게 길하리라" 함은 위로 올라가면 이치를 거역하고 아래로 향하면 이치에 순응하기 때문이다.

彖曰, 小過, 小者過而亨也. 過以利貞, 與時行也.
단왈 소과 소자과이형야 과이리정 여시행야

柔得中, 是以小事吉也, 剛失位而不中, 是以
유득중 시이소사길야 강실위이부중 시이

不可大事也. 有飛鳥之象焉. "飛鳥遺之音, 不宜上,
불가대사야 유비조지상언 비조유지음 불의상

宜下, 大吉", 上逆而下順也.
의하 대길 상역이하순야

「상전」에서 말했다. 산艮, ☶ 위에 우레震, ☳가 있는 것이 소과괘이니, 군자는 이것을 보고 행하는 데 공손함을 과도하게 하며, 상례를 치르는 데 슬픔을 과도하게 하며, 재물을 쓰는 데 검소함을 과도하게 한다.

象曰, 山上有雷, 小過, 君子以, 行過乎恭,
상 왈 산 상 유 뢰 소 과 군 자 이 행 과 호 공

喪過乎哀, 用過乎儉.
상 과 호 애 용 과 호 검

초육효, 날아가는 새이니 흉하다.

「상전」에서 말했다. "날아가는 새이니 흉한 것"은 어찌할 수가 없는 것이다.

初六, 飛鳥, 以凶.
초 육 비 조 이 흉

象曰, "飛鳥, 以凶", 不可如何也.
상 왈 비 조 이 흉 불 가 여 하 야

육이효, 할아버지구사를 지나치고 할머니육오를 만나는 것이니, 군주의 권위에 도전하지 않고 신하의 도리에 합당하다면 허물이 없으리라.

「상전」에서 말했다. "군주의 권위에 도전하지 않는 것"은 신하가 과도해서는 안 되기 때문이다.

六二, 過其祖, 遇其妣, 不及其君, 遇其臣, 无咎.
육이 과기조 우기비 불급기군 우기신 무구

象曰, "不及其君", 臣不可過也.
상왈 불급기군 신불가과야

구삼효, 지나치게 방비하지 않으면 이어서 혹 해칠 수 있기에 흉하리라.

「상전」에서 말했다. "이어서 해칠 수 있는 것"이니 얼마나 흉한가!

九三, 弗過防之, 從或戕之, 凶.
구삼 불과방지 종혹장지 흉

象曰, "從或戕之", 凶如何也!
상왈 종혹장지 흉여하야

구사효, 허물이 없으니 과도하지 않아 적당한 것이다. 그대로 나아가면 위태로우니 반드시 경계해야 하며, 오래도록 양의 기질을 고집하지 말아야 한다.

「상전」에서 말했다. "과도하지 않아 적당한 것"은 자리가 효의 음양과 맞지 않기 때문이고, "그대로 나아가면 위태로우니 반드시 경계하는 것"은 끝내 장성해질 수 없기 때문이다.

九四, 无咎, 弗過遇之. 往厲必戒, 勿用永貞.
구사 무구 불과우지 왕려필계 물용영정

象曰, "弗過遇之", 位不當也, "往厲必戒",
상왈 불과우지 위부당야 왕려필계

終不可長也.
종불가장야

육오효, 구름이 빽빽하지만 비가 내리지 않는 것*은 내가 서쪽 교외로부터 왔기 때문**이니, 육오의 군주가 저 구멍에 있는 육이를 쏘아서 잡는다.

「상전」에서 말했다. "구름이 빽빽하지만 비가 내리지 않는 것"은 음이 이미 위군주의 자리로 올라갔기 때문이다.

六五, 密雲不雨, 自我西郊, 公, 弋取彼在穴.
육오 밀운불우 자아서교 공 익취피재혈

* 큰일을 할 수 없는 것을 의미하고, 풍천 소축괘의 괘사에도 나와 있다.

** '내가 음이고 멀리서 왔기 때문'이라는 의미이고, 풍천 소축괘의 괘사에도 나와 있다.

象曰, "密雲不雨", 已上也.
상왈 밀운불우 이상야

상육효, 적합하지 않아 과도하니, 날아가는 새가 빨리 떠나가는 것이라 흉하다. 이것을 일러 하늘이 내린 재앙災과 인간이 자초한 화眚라고 한다.

「상전」에서 말했다. "적합하지 않아 과도한 것"은 지나치게 높이 치솟은 것이다.

上六, 弗遇過之, 飛鳥離之, 凶. 是謂災眚.
상육 불우과지 비조리지 흉 시위재생

象曰, "弗遇過之", 已亢也.
상왈 불우과지 이항야

63
이미 이루어짐, 수화 기제
水火既濟

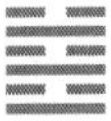

기제괘既濟卦는 작은 일에 형통하다. 올바름을 굳게 지키는 것이 이로우니, 처음에는 길하고 끝에는 어지러워진다.

既濟, 亨小. 利貞, 初吉終亂.
기제 형소 리정 초길종란

「단전」에서 말했다.

'기제괘가 형통하다' 함은 작은 일들이 형통한 것이고, "올바름을 굳게 지키는 것이 이로움"은 굳센 양陽, 구오과 부드러운 음陰, 육이이 올바르고 지위가 합당하기 때문이다. "처음에는 길한 것"은 부드러운 음이 중도를 얻었기 때문이고, 끝에

가서 멈추면 어지러워지는 것은 그 도가 궁색해지기 때문이다.

彖曰, '旣濟, 亨', 小者亨也, "利貞",
단왈 기제 형 소자형야 리정

剛柔正而位當也. "初吉", 柔得中也. 終止則亂,
강유정이위당야 초길 유득중야 종지즉란

其道窮也.
기도궁야

「상전」에서 말했다. 물坎, ☵이 불離, ☲ 위에 있는 것이 기제괘이니, 군자는 이것을 보고 환난을 생각하여 미리 방비한다.

象曰, 水在火上, 旣濟, 君子以, 思患而豫防之.
상왈 수재화상 기제 군자이 사환이예방지

초구효, 수레바퀴를 뒤로 끌며 여우가 그 꼬리를 적시면 허물이 없으리라.

「상전」에서 말했다. "수레바퀴를 뒤로 끄는 것"은 이치상 허물이 없는 것이다.

初九, 曳其輪, 濡其尾, 无咎.
초구 예기륜 유기미 무구

象曰, "曳其輪", 義无咎也.
상왈 예기륜 의무구야

육이효, 부인이 그 가리개를 잃은 것*이니, 쫓아가지 말라. 그러면 7일 만에** 얻으리라.

「상전」에서 말했다. "7일 만에 얻으리라" 함은 중도로써 행했기 때문이다

六二, 婦喪其茀, 勿逐. 七日得.
육이 부상기불 물축 칠일득

象曰, "七日得", 以中道也.
상왈 칠일득 이중도야

구삼효, 고종이 귀방을 정벌하여 3년 만에야 이겼으니,*** 소인은 쓰지 말아야 한다****.

* 부인이 그 가리개를 잃은 것: 음효인 육이가 외출할 때 쓰는 얼굴가리개 또는 수레의 장막을 잃어버린 것이므로 바깥으로 외출할 수 없는 상황이라는 의미다.
** 7일 만에 : '6효가 다 바뀌어서 다른 괘의 상황으로 넘어가면'이라는 뜻이다.
*** 은(殷)나라 고종(高宗)이 귀방(鬼方)이라는 부족을 정벌했는데 작은 부족을 치는 데도 어려움을 겪으며 3년이라는 오랜 시간이 걸렸으니 쉽지 않았다는 의미다.
**** 강한 힘을 써서 정벌하는 상황이지만 백성들을 구제하려는 성현의 마음으로 행해야지 영토를 탐하고 적대하는 소인의 마음가짐으로 임해서는 안 된다는 뜻이다.

「상전」에서 말했다. "3년 만에야 이긴 것"은 고달픈 일이다.

九三, 高宗伐鬼方, 三年克之, 小人勿用.
구삼 고종벌귀방 삼년극지 소인물용

象曰, "三年克之", 憊也.
상왈 삼년극지 비야

육사효, 배에 물이 스며들며 젖으니 헌옷가지를 마련하고 종일토록 경계하는 것이다.

「상전」에서 말했다. "종일토록 경계하는 것"은 염려하는 바가 있기 때문이다.

六四, 繻有衣袽, 終日戒.
육사 유유의녀 종일계

象曰, "終日戒", 有所疑也.
상왈 종일계 유소의야

구오효, 동쪽 이웃구오이 소를 잡아 성대하게 제사지내는 것이 서쪽 이웃육이이 간략한 제사를 올려 실제로 그 복을 받는 것만 못하다.*

「상전」에서 말했다. "동쪽 이웃이 소를 잡아 성대하게 제사

지내는 것"은 서쪽 이웃이 때맞춰 제사지내는 것만 못하니, "실제로 그 복을 받음"은 길함이 크게 오는 것이다.

九五, 東鄰殺牛, 不如西鄰之禴祭, 實受其福.
구오 동린살우 불여서린지약제 실수기복

象曰, "東鄰殺牛", 不如西鄰之時也, "實受其福", 吉大來也.
상왈 동린살우 불여서린지시야 실수기복 길대래야

상육효, 머리까지 젖으니 위태롭다.

「상전」에서 말했다. "머리까지 젖으니 위태로운 것"이 어떻게 오래 지속될 수 있겠는가!

上六, 濡其首, 厲.
상육 유기수 려

象曰, "濡其首, 厲", 何可久也!
상왈 유기수 려 하가구야

* 동쪽은 양의 방향이라 동쪽 이웃은 구오를 가리키고, 서쪽은 음의 방향이므로 서쪽 이웃은 육이를 가리킨다. 모든 것이 이미 이루어진 기제의 시대이므로 육이는 그래도 작은 일을 해 나갈 수 있지만 구오는 할 만한 일이 없기 때문에 구오의 군주가 육이의 처지만 못하다는 의미다.

64
아직 이루어지지 않음, 화수 미제
火水 未濟

䷿

미제괘未濟卦는 형통하다. 어린 여우가 과감하게 건너서 그 꼬리를 적시니, 이로울 것이 없다.

未濟, 亨. 小狐汔濟, 濡其尾, 无攸利.
미 제 형 소 호 흘 제 유 기 미 무 유 리

「단전」에서 말했다.

"미제괘는 형통하다"는 것은 부드러운 음陰, 육오이 중도中를 얻었기 때문이다. "어린 여우가 과감하게 강물을 건넌다" 함은 위험 가운데에서 아직 벗어나지 못한 것이다. "그 꼬리를 적시니, 이로울 것이 없다"는 것은 계속하여 끝마치지 못하기 때문이다. 비록 지위가 합당하지 못하지만, 굳센 양陽, 구이과 부드러운 음陰, 육오이 서로 호응한다.

彖曰, "未濟, 亨", 柔得中也. "小狐汔濟", 未出中也.
단왈 미제 형 유득중야 소호흘제 미출중야

"濡其尾, 无攸利", 不續終也. 雖不當位, 剛柔應也.
유기미 무유리 불속종야 수부당위 강유응야

「상전」에서 말했다. 불離, ☲이 물坎, ☵ 위에 있는 것이 미제괘이니, 군자는 이것을 보고 신중하게 사물을 분별하여 있어야 할 자리에 위치하게 한다.

象曰, 火在水上, 未濟, 君子以, 愼辨物, 居方.
상왈 화재수상 미제 군자이 신변물 거방

초육효, 꼬리를 적셨으니 부끄럽다.

「상전」에서 말했다. "꼬리를 적심"은 또한 알지 못함이 극에 달한 것이다.

初六, 濡其尾, 吝.
초육 유기미 린

象曰, "濡其尾", 亦不知極也.
상 왈 유기미 역부지극야

구이효, 수레바퀴를 뒤로 잡아끌듯이 하면* 올바르게 해서 길하리라.

「상전」에서 말했다. 구이효가 "올바르게 해서 길한 것"은 중도로써 올바름을 행하기 때문이다.

九二, 曳其輪, 貞吉.
구이 예기륜 정길

象曰, 九二"貞吉", 中以行正也.
상 왈 구이 정길 중이행정야

육삼효, 미제의 때에 나아가면 흉하지만 큰 강을 건너는 것이 이롭다.**

* 구이효가 육오의 군주와 호응할 때 수레를 뒤로 잡아끌듯이 해서 굳센 양의 기세를 줄여 천천히 나아가야 신하의 도리를 바르게 지킬 수 있음이다.

** 육삼효가 부중(不中)·부정(不正)하므로 에너지가 부족해서 나아갈 수 없어 흉하지만, 그래도 험한 감괘의 끝에 있어서 그 자리에 있으면 물에 빠지게 되므로 타격을 입을 것을 무릅쓰고 나아가려고 시도해야 한다는 의미다.

「상전」에서 말했다. "미제의 때에 나아가면 흉한 것"은 지위가 합당하지 않기 때문이다.

六三, 未濟, 征凶, 利涉大川.
육삼 미제 정흉 리섭대천

象曰, "未濟, 征凶", 位不當也.
상왈 미제 정흉 위부당야

구사효, 올바름을 지키면 길하여 후회가 없어지니, 강한 힘을 써서 귀방을 정벌하는데 3년 만에야 큰 나라에서 상을 받는다.

「상전」에서 말했다. "올바름을 지키면 길하여 후회가 없어지는 것"은 뜻이 행해지는 것이다.

九四, 貞吉, 悔亡, 震用伐鬼方, 三年有賞于大國.
구사 정길 회망 진용벌귀방 삼년유상우대국

象曰, "貞吉, 悔亡", 志行也.
상왈 정길 회망 지행야

육오효, 올바르게 행해서 길하여 후회가 없으니, 군자의 빛*이 진실한 믿음이 있어 길하다.

「상전」에서 말했다. "군자의 빛"은 그 빛을 발함이 길한 것이다.

六五, 貞吉, 无悔, 君子之光, 有孚吉.
육 오 정길 무회 군자지광 유부길

象曰, "君子之光", 其暉吉也.
상 왈 군자지광 기휘길야

상구효, 진실한 믿음을 가지고 술을 마시면** 허물이 없지만, 머리까지 젖으면 믿음에 있어 마땅함을 잃으리라.

「상전」에서 말했다. '술을 마셔 머리까지 젖음'은 또한 절제할 줄 모르는 것이다.

上九, 有孚于飮酒, 无咎, 濡其首, 有孚失是.
상 구 유부우음주 무 구 유기수 유부실시

象曰, '飮酒, 濡首', 亦不知節也.
상 왈 음주 유수 역부지절야

* 군자의 빛 : 군주가 정치를 통해 베푸는 은택과 영향력이 빛과 같이 온 천하에 골고루 퍼진다는 의미다.

** 진실한 믿음을 가지고 술을 마시면 : '자기가 해야 할 일에 대한 확신을 가지고 있어서 술을 마시듯 스스로의 처지를 즐겁게 여긴다'는 의미다.